● 小学·心理健康教育学生通俗读本
● 小学·心理健康教育教师参考读本

青少年心理健康护照

冯世杰 张新晖 编著

ZHEJIANG UNIVERSITY PRESS
浙江大学出版社

图书在版编目（CIP）数据

青少年心理健康护照 / 冯世杰，张新晖编著.
—杭州：浙江大学出版社，2011.12
ISBN 978-7-308-09363-7

Ⅰ．①青…　Ⅱ．①冯…　②张…　Ⅲ．①青少年－心理
健康－健康教育　Ⅳ．①G479

中国版本图书馆 CIP 数据核字（2011）第 246050 号

青少年心理健康护照

冯世杰　张新晖　编著

责任编辑	冯社宁(snfeng@sina.com)
封面设计	张忠明
出版发行	浙江大学出版社
	（杭州市天目山路 148 号　邮政编码 310007）
	（网址：http://www.zjupress.com）
排　　版	杭州中大图文设计有限公司
印　　刷	浙江云广印业有限公司
开　　本	710mm×1000mm　1/16
印　　张	14.25
字　　数	205 千
版 印 次	2011 年 12 月第 1 版　2011 年 12 月第 1 次印刷
印　　数	0001－4000
书　　号	ISBN 978-7-308-09363-7
定　　价	28.00 元

目录

第一讲　青少年如何理解心理健康标准

一、什么是心理健康

故事引路

哈利和朋友困在沙漠里。

就在他们走投无路的时候,哈利竟然发现了满满一杯水。这可是天赐的水啊,是分给朋友,还是留给自己慢慢救命?

哈利欲独占比黄金还要贵重的水,竭尽全力向沙漠深处跑去,而朋友则在后面使劲追赶。哈利既要跑得快,又要护住杯中的水,自然累得够呛。朋友也气喘吁吁。这场追赶持续了多久,我们没必要深究了,最后是哈利踉踉跄跄,慌不择路,一不小心,一杯水全泼到了黄沙里。结果两人筋疲力尽,求生的勇气全无,很快被黄沙埋葬了。

心理按摩

也许,关键时刻,有些人会自觉或不自觉地选择哈利的做法。

其实,把半杯水给别人,同时也会救了自己。

倘若把半杯水给别人,就等于给了自己成功的最大机会,还可能成为上帝一样的恩人。

下面这个故事也许能够证明这一观点。

乔治起先不过是英国一家手工作坊的小业主,按照马克思资本积累原理,完全有可能转化为大资本家。但是很不幸,一场经济危机使他陷入了困境,产品卖不出去,资金周转不开,物价暴涨,他面临破产的威胁。友人劝他赶快裁员,以减轻负担。乔治思考良久,准备采用友人的建议。

消息不知怎么传到了老乔治的耳朵里。第二天清晨,老乔治来到办公室,勒令他收回成命。乔治不服,老乔治便当场解除了乔治的职务。中午,老乔治走进了工人餐厅,看见大家脸色憔悴、苍白,碗里是白水煮的青菜和几片豆腐,立刻从街上的小餐馆花三英镑买回两碗红烧肉,端进餐厅,哽咽着说:"兄弟们受苦了。现在,我已解除了乔治的职务,并且从今以后,每天中午我和你们一起吃饭——当然,价值三英镑的红烧肉必不可少!"工人们欢呼起来。

那时候,三英镑是个不小的数目——是老乔治夫妇一天的基本生活费用。

每天三英镑,所带来的效益却是无法计算的,因为工人们心存感激,便拼命干活,努力降低成本,竟然使这个手工作坊慢慢渡过了难关,发展壮大,最终成为全英一家著名的电器公司,拥有资产过千万。

细细想来,老乔治不过是把半杯水给了工人。

表面上,老乔治的语言朴素、行为朴实,似乎没有什么特别的地方,但实际上,他是深谙经营之道的,从小事做起,从"半杯水"开始,从最打动人心的角度入手,才最终创造了一个奇迹。

说不定什么时候,半杯水,就能帮你死里逃生。

健康护照

故事中的哈利和乔治的行为都给他们自己带来了不好的结果,

为什么呢？仔细想来，这其实涉及人们普遍关注的心理健康问题。

汉语有个成语叫"别来无恙"，"恙"即病，"无恙"就是没有疾病的意思。"别来无恙"是古人常用的问候语，"祝您健康"是今人常用的祝愿辞。可见从古至今，健康是人们普遍关心的问题。

人们普遍认为，健康就是人体生理机能正常，没有缺陷和疾病。也就是说，通常情况下，人们习惯把有无疾病看作评判健康与否的依据。其实，联合国世界卫生组织（WHO）早在1948年就为健康下过定义，即健康是一种身体上、心理上和社会适应上的完好状态。具体说，就是人体发育良好、机理正常、有健全的心理和社会适应能力，而不仅是没有疾病和虚弱的现象。

在这个定义中，"心理上和社会适应上"其实都与心理健康有关，并且是构成"健康"的要件。

身体的健康是人类生存和发展的最基本条件，是人生第一财富。因此人们常用"1"来代表身体健康，用"0"来代表诸如事业、爱情、成就、荣誉、金钱等身体健康以外的方面，意在强调没有了"1"，一切"0"都失去了意义。

可见，身体健康对人生的幸福是多么重要。但是，如果一个人仅仅做到了身体健康，还不能代表他就是健康的。因为生理机能正常只是前提，而心理健康才是关键。

我们常见到一些人身体条件很好，但整天处在生活的阴影里，唉声叹气地过日子，甚至生命脆弱得不堪一击。有些男孩常为自己的"阳气"不足而苦恼，不是因为他的体质孱弱无比，而是因为他总觉得自己不像许多少女崇拜的"白马王子"那么潇洒、英俊、刚毅；有些女孩常为自己的"魅力"不足而苦恼，不是因为她长得弱不禁风，而是因为她总是觉得自己不像许多男性迷恋的"白雪公主"那么温柔、娴静、婀娜。于是，那些性别特征模糊的"中性"人物反倒备受推崇。

由此我们可以这样认为，心理健康是指一种持续的积极发展的心理状况，在这种状况下主体能做出良好的适应，能充分发挥身心潜能，而不仅是没有心理疾病。这是目前心理学界关于心理健康概念的普遍认识，其中有两层含义：一是没有心理疾病，二是具有一种积极发展的心理状态。第一层含意是在强调心理健康的基本条件,也就是说这个条件是必须具备的不可或缺的,这与身体健康必须具备"身体没有疾病"这一基本条件的道理相同;第二层含义是在强调心理健康的必然性,也就是说以心理处于最佳状态为目标,凡属于不健康的心理倾向都要消除。

在生活中,有严重心理缺陷的人并不少见,只是在对他人没有造成明显危害的情况下,还没能引起人们高度关注而已。我们不希望故事中哈利和乔治的悲剧在自己身上重演,不希望马加爵①一类的事件再次发生,就应及早关注自己和他人的心理健康问题。

一般人认为,有心理问题就是心理不健康。这未免有些过于武断了。认识上产生偏颇是可以理解的,但我们反对以偏概全。我们不否认,现实生活中存在着由认知导致心理不健全抑或引发心理健康问题的现象,但是现象不等于实质。譬如一位女生很喜欢看别人瀑布似的披肩长发,却又总把自己的头发剪得短短的,像个小男孩,我们因此就断定这位女生心理不健康,这未免有些偏颇了。追求个性和性别意识扭曲是截然不同的两回事。

高位截瘫的张海迪不具备身体健康的基本条件,可她没有被命运击倒,反而以乐观的心态面对命运的不公,学外语,著书立说,关注残疾人事业,至今还担任全国残联主席,从她身上我们看到了一种积极发展的心理状态;霍金应该说比张海迪的身体条件还要差,可身体上的残疾并没影响他在物理学上做出惊人的贡献,从他身上我们看到了一个人的心理处于最佳状态的重要意义。

---

① 马加爵:系云南大学生命科学学院学生,与其同学为琐事争执,认为邵某等人说自己为人差、性格古怪等,有损自己名声,于是决意杀害邵某等人,遂于 2004 年 2 月 13 日至 15日,用铁锤将 4 名被害人逐一杀害,并把被害人尸体藏匿于宿舍衣柜内。作案后潜逃,经公安部通缉,被公安机关抓获归案,判处死刑。马加爵事件引发了广泛的心理健康教育大讨论。

二、青少年心理健康标准

故事引路

　　1992 年 5 月，很偶然地，一位刚拿到律师资格证书的大学生听说，司法部正在北京举办中国首期证券资格律师培训班。他知道，证券市场在中国还是个新生事物，拥有证券从业资格的律师在中国还没有，如果能拿到这块"敲门砖"，那就意味着与成功近在咫尺。

　　第二天，他和两个同学找到司法部。当他们向主管培训班的处长说明来意后，处长耐心而坚决地说："第一批参加培训的都是资深律师，是经过各省层层筛选审批产生的，而且每个省只有一两个名额。你们是没有机会的！"

　　三个年轻人沮丧地走出司法部大楼，可那个大学生越想越不甘心，便独自折了回去。他对那位处长说："我想交钱旁听，可以给我一张证吗？"处长两手一摊："这个班没有旁听的概念。小伙子，以后再努力吧！"说完，处长就走了。

　　回到寝室，大学生还在为如何抓住这个机会而四处打探消息，同学们纷纷讥笑他痴人说梦。晚上，当大家泡吧时，这位大学生独自找到司法部值班室，打听到了那个培训班的地址。

　　第二天早上 5 点多，大学生转乘了三辆公交车，早早出现在培训班所在的邮科院培训楼门口。可因为没有听课证，值班门卫不让进，他只好在楼口徘徊了两个多小时。快 8 点时，他发现楼口有工作人员在搬运培训资料，就趁门卫不注意，连忙赶上去帮忙。从一楼到六楼，别人跑一趟，他跑三趟，挥汗如雨，不敢有丝毫倦怠。工作人员以为他是学员，也就没怎么在意。

　　就在这时，那位处长驱车到培训班视察，一眼就认出了这个大学生,忍不住笑着说:"你别这样故意感动我好不好?我就是让你旁听,但因为没有报批手续,即使你考过了,也不可能得到资格证!"工作人员恍然大悟,都被这个小伙子求学的精神深深打动,纷纷为他说好话。处长也心动了:"我们有话在先,拿不到资格证,可别来找我!"

三个月的培训,大学生很刻苦。考试结果揭晓,他得了全班第三名。全班58人,前50名就可以拿到资格证。

拿到成绩单后,尽管很无奈,大学生还是硬着头皮找到那位处长。对方一见到他,不禁苦笑:"你呀,怎么考了第三名呢,这叫我都你不是,不帮你也不是!"大学生诚恳地说:"那您就帮我吧!我肯定不会让您失望的!"望着小伙子不屈的眼神,处长终于感动了,他当即向部领导详细汇报了情况。就这样,司法部指示湖北破例为这个小伙子补办了手续。

拿到了"敲门砖",正赶上湖北地区的公司纷纷上市,而上市必须向有关部门出具拥有证券资格的律师意见书。当时湖北拥有证券资格的律师只有两个人,其中一个就是那位大学生。

小伙子抓住机遇,两年内,为全国15家公司上市立下了汗马功劳,赢得了他人生的第一桶金,成为武汉市第一个拥有高级轿车的大律师。

回首往事,他说:"当初,我也以为拿到资格证是不可能的事,但我不愿放弃机会,机会也就不愿放弃我了!"

心理按摩

一个偶然的机会,他听说司法部正在北京举办中国首期证券资格律师培训班,立即意识到这个培训班对自己"成功"的意义,且在受到拒绝的时候,没有像其他人那样轻易放弃努力,一再为自己争取机会,终于拿到了"敲门砖",进而掘到了"第一桶金"。故事中的大学生之所以能成功,有人说是因为他有一个健康的心态。这话不假,健康的心态其实就是我们所说的心理健康。我们说这位大学生心理健康,表面上是依据这个故事得出的结论,实际上是依据心理健康的标准得出的结论。

或许有人会问,心理健康也像身体健康那样有具体的标准吗?是的,心理健康是有标准的,只不过这个标准还不像身体健康的标准那样具体、客观,还不能用完整、清晰、科学的客观数据来衡量。也就是说,检查心理健康还不能像检查身体健康那样,通过量体温、号脉、测血压、验血等客观的检查或者通过运用心电图、脑电图、X光透视、B超、核磁共振等一系列科学手段而得出结论。心理健康属于心理学研究的范畴,由于目前心理学研究尚处于发展阶段,人类对许多心理现象和规律还是未知或知之不多的,因此公认的科学的标准体系尚未形成。但是综合世界各国心理学家的研究成果,关于心理健康的基本特征,科学家们已经达成了共识。

健康护照

1. 心理健康的基本特征

（1）智力正常

智力指人认识、理解客观事物并运用知识、经验等解决问题的能力,包括记忆力、观察力、想象力、思考力、判断力和实践活动能力等。一个人的智力水平集合了其多种心理成分和大脑活动的整体功能。智力正常指个体具备了生活、学习、工作的最基本的心理条件。

目前,人类受自身认识水平和科技水平的限制,还没有完善明确的智力测定的科学方法,亦没有全面衡量大脑功能的统一标准。但是一些具有相对科学性和实用性的智力量表,已经被国际社会公认,为我们衡量智力水平提供了借鉴,例如美国的韦克斯勒的智力测验[①]

---

① 韦克斯勒的智力测验:美国心理学家韦克斯勒(1896—1981),于1939年在纽约Bellevue医院出版W—B(Wechsler-Bellevue)量表,它可用于儿童与成人,其智力测验在世界上信度较高,被广泛使用。

和法国的比内-西蒙的智力量表[①]。世界卫生组织采用的"智商"概念,是普遍公认的衡量个人智力水平的数量化指标。一般把一个年龄组或团体的平均智商定为100,通过测验和计算得出个人的智商数,分数越高,表明一个人智力水平越高。根据这一规定,正常人包括青少年和儿童在内,其智商必须在85以上(韦氏儿童智力量表规定,儿童智商应在80以上),这是智力正常的最低要求;智商超过130为智力超常,亦属心理健康范畴;70~79是智力缺陷,属心理缺陷范畴;70以下则属于低能,属心理疾病范畴。

(2)适应环境

适应环境指个体的社会适应性好,即个体具有通过不断调整自己的心理行为和身心功能而满足客观环境的需要的能力。换句话说,就是个体能够与环境建立和谐关系。

适应环境主要表现在以下三个方面:

①具备适应自然环境的能力。所谓自然环境,主要是相对各种人为因素而言的。任何一个心理健康的人,都应该具备在各种自然环境中生存的能力。生存能力是人的首要能力,而适应自然环境的能力又是构成生存能力的基础。

②具备适应人际关系的能力。人际关系也是一种环境因素,即与我们关系密切的社会环境。应该说,社会环境与自然环境相比,适应的难度大一些。人们习惯把能否协调好各种人际关系,看作是衡量和判断个体社会适应性如何的关键因素。因此适应人际关系的能力是心理健康的重要标准之一,而且是不可或缺的标准。

③具备适应不同情境的能力。与前两点涉及的环境因素不同,情境虽然也属于环境因素,但一般是指个人行为发生时的现实环境。情境有广义和狭义之分:前者指社会形态、历史进程、国际形势等;后者指个体心理行为所处的场所、氛围以及接触对象的态度、情绪和期

---

① 比内-西蒙的智力量表:1905年法国心理学家比内和西蒙受法国教育部的委托,编制了比内-西蒙量表,首次提出了心理年龄(智龄)的概念。它是世界上第一个智力量表,美国斯坦福大学教授特尔曼于1916年修订发表了《斯坦福-比内智力量表》并引出了智商的概念。

待等,如考核、演讲、比赛等场合。广义的情境制约和影响狭义的情境。个体具有适应不同情境的能力,就能够在身处不同时间、空间和各种情境时泰然自若、处变不惊,让自己的心理始终保持平衡状态,使自己的心理潜能和优势能够得到充分发挥,为实现人生追求的目标服务。

(3)人格健全

人格指人在适应社会的过程中所显示的身心行为上的独特特征,是个体具有的稳定的心理特征(如性格、气质、能力)的总和,又被称为个性或个性心理。人格健全指构成人格的诸要素(如气质、能力、性格、理想、信念、人生观等)能够平衡、健康、全面地发展。

著名的发展心理学家阿尔波特[①],对健全和成熟的人格指标有比较具体的阐述:①有自我扩展的能力。能积极广泛地参与社会活动,有许多兴趣爱好。②有与他人热情交往的能力。能与他人保持亲密关系,无占有欲和妒忌心,有同情心;能容忍与自己在价值观念和信仰上有差别的人。③有安全感和认同感。能忍受生活中无法避免的冲突和挫折,能经得起突然袭来的打击,情绪稳定。④有现实性。能根据事物实际情况而非自己的希望看待事物,能看清情境和顺应它。⑤有清醒的自我意识。能清楚准确地知晓自己的所有或所缺,能够理解真实的自我与理想的自我之间的差别,也知道自己与他人对于自己认识的差别。⑥有与社会规范一致的人生哲学。能有符合社会规范的、科学的人生观,为一定的目的而生活;能在意识形态、信念和生活方面对他人产生创造性的推动力。

(4)情绪稳定

情绪指人从事某种活动时产生的愉快或不愉快的心理状态。情绪稳定与否,与个体的情感表达方式相关。过度的情绪反应(如狂躁不安、悲痛欲绝、喜不自胜、怒不可遏等)和持久的消极情绪(如悲戚、忧郁、恐惧、怨愤等)以及变化不定的情绪反应(如喜怒无常、悲喜交

---

①　阿尔波特(1897—1967):美国心理学家,强调人格的个别特点,创立了人格特质论。其关于健全人格指标的阐述是从人本主义自我实现的需求出发提出的。

集等),严重干扰了人的心理平衡,左右了人的认知,控制了人的行为,还可能造成生理机能的紊乱或导致各种躯体(脏器)疾病。而良性情绪反应(如愉快、喜悦、乐观、通达、恬静、满足、幽默等),促进了心理平衡,调动了人的心理潜能,还可以推进人的社会功能的发挥。因此,保持情绪和情感稳定协调,是心理健康的一个比较重要标准。

需要强调的是,心理健康者能保持愉快、开朗、乐观的心境,并非没有悲戚、忧郁、哀愁等消极的情绪体验,只是他们在体验消极情绪的过程中能够主动做出调节,能适度表达和控制情绪,对生活和未来充满希望,因而才表现得喜怒不形、宠辱不惊、胜败不躁。

(5)行为协调

这里的行为指受意志支配和控制的行为,一般称为"意志行为"。意志是决定达到某种目的而产生的心理状态,一般由行动表现出来。也就是说,个体由自觉地确定目标到主动支配其行动以努力实现预定目的的心理过程及其状态,就是我们通常所说的意志。意志与行为的关系是十分紧密的,一般很难将两者割裂开来,因为要观察一个人的意志活动,只有通过具体行为才能实现。

衡量个体的行为是否协调,关键是看个体的意志品质如何。优秀的意志品质应该具备以下四种基本特征:

①自觉性。即能够明确界定自己行动的范畴,认清自己行动的目的和意义,并能为实现任务目标而主动地支配和调节自己的行动。自觉性是一个人积极地完成目标任务必不可少的心理品质,有了它,个体就能遵从客观规律,独立自主地支配和调节自己的行为,而不屈从于环境,积极地摆脱外力的影响或干扰,以实现既定目标。

②果断性。即做事有决断,不犹豫。果断性是一种善于迅速明辨是非、合理决断和执行的心理品质,有了它,个体既能遵循客观规律做出判断,又能不受客观外界的干扰,合理地执行自己的决定。

③自制性。即对已经做出的决定能够明确地加以执行,善于敦促自己竭尽全力实现决定目标,善于主动制止和排斥与执行决定无关的行为,自觉克制自己的负面情绪和冲动行为。自制性是一种有较强克制能力的心理品质,有了它,个体既能对自己行动的目标认识

明确，又能对与行动目标相悖的行为加以克制，坚定地完成目标任务。

④坚韧性。即为达成目标任务而毫不妥协，坚固而有韧性。坚韧性是一种善于坚持（为达目的而百折不挠）的心理品质，有了它，个体既能信念坚定、毫不动摇地执行自己的决定，又能意志顽强、坚忍不拔地排除艰难险阻，直至达成目标。

行为协调除了优秀的意志品质作保障之外，还需要行为自身符合要求。这也是衡量个体行为是否协调的一个不可忽视的重要条件。正常的行为指标是：①行为不受非意识支配，即尽量受理智控制而不受情感控制；②行为适应的方式灵活，即处理问题采用弹性方式而非僵化方式。

（6）心理平衡

所谓心理平衡，指心理特点符合心理年龄。这涉及两个标准：①个体的实际年龄必须与生理年龄、心理年龄保持一致；②个体在不同的心理发育阶段所表现出来的心理特征应该与这个时期的身份、角色相符合。

人的年龄分三个层次，即实际年龄、生理年龄和心理年龄。

实际年龄指人的自然年龄，即人已经生存的年数。

生理年龄指人在特定的年龄阶段所表现出来的机体的发育成长特点。生理年龄与实际年龄不一定完全一致，有的人生理发育延迟，有的人生理发育提前，也就是生理年龄小于或大于实际年龄。导致生理年龄与实际年龄不一致的因素，主要有营养状况、遗传基因、生活环境、人生经历、心理状态等。

心理年龄指人在特定的年龄阶段所表露的整体心理特征。所谓整体心理特征，指人的心理在一定年龄阶段中的一般的、典型的、本质的特征。心理年龄与实际年龄也并不完全一致。人的一生共经历3个阶段7个心理时期，即儿童阶段（乳儿期、婴儿期、幼儿期），青少年阶段（亦称学龄期，包括少年期、青年期），中老年阶段（中年期、老年期）。每个心理年龄期都有与之相对应的心理特点，如幼儿期天真活泼，身心发育缓慢，心理活动幼稚不定；少年期自我意识增强，身心发育突变,心理活动动荡剧烈;老年期老成持重,身心功能降低,心理活动趋向成熟稳定。

同一年龄段的不同个体,年龄特征也不尽相同。

2.青少年心理健康的标准

应该说,直至今天,关于青少年心理健康的标准,心理学界尚无统一公认的结果。这是因为,同一条件下的人心理健康状况并非相同。例如环境虽然是影响青少年心理健康的基本因素,但是身处于同一环境里的青少年的心理健康状况却不尽相同。综合多数心理学家和医学家的观点,青少年心理健康的标准起码应具有如下内容:

身体健康,智力正常——这是衡量心理健康最重要的标准之一,是一个人正常学习、生活、工作的基本条件。生理机能缺陷是自卑的主要原因。

人格完整,意识良好——心理健康的青少年胸怀坦白、言行一致、表里如一、热爱生活、兴趣广泛,具有良好的自我意识,并自尊自爱、尊重他人,善于调节自己的言行举止,性格、情感符合其年龄特点。

乐于交流,善于结友——人际关系良好、善于结交朋友,这是一个人摆脱孤独、融入社会的素质和能力的体现。心理健康的青少年能与人沟通、友好相处,对矛盾和分歧能正确对待、妥善处理,有乐于助人的愿望和行为。

情绪稳定,心态乐观——情绪和心态如同体温计,是心理健康的外显标志。乐观能使人心情开朗。保持相对的乐观、稳定的情绪,就能在顺境中积极向上、谦虚谨慎,在逆境中意志顽强并能战胜困难。

有所追求,积极进取——有所追求是人生的动力,心理健康的青少年只有树立了正确的世界观、人生观、价值观,才能有理想、有信念、有追求,敢于面对现实、承担责任,确定切合实际的奋斗目标并为之努力奋斗。

具体的标准为:

(1)智力正常。智商在90以上(这是一个综合标准,最低标准为85),观察力、注意力、记忆力、想象力、思维能力、表达能力均属正常,能保持高效绩的学习或工作状态。

（2）适应环境。能根据客观情况设计自我,使理想自我与现实自我能基本统一,与环境保持动态平衡,对学习或工作环境有良好的适应能力。

（3）热爱人生。有正确的人生观和价值观,乐于助人,具有强烈的生存实在感,能从矛盾中悟到统一,能从失败中看到成功的希望,奋斗目标切合实际。

（4）情绪稳定。经常保持愉快、开朗、自信和满足感,心胸开阔,善于从生活中寻找乐趣,具有一定的抗挫折能力。

（5）意志健全。意志坚定,毅力持久,具有自觉性、果断性和坚定性,有较好的自我控制能力。

（6）行为协调。行为受理智控制,不受非意识支配,做到意识与行为一致,言行一致,思维与行动统一、协调。

（7）善于交际。乐于与人交往,能保持独立完整的人格,并能客观评价他人,善于合作,人际关系融洽,能够保持和发展友谊。

（8）反应适度。对各种刺激都能做出相应的反应,既不过敏,又不迟钝;善于发现,有解决困难和独立生活的能力。

（9）特征稳定。充分了解自己,心理年龄与生理年龄相一致,心理活动特征与自己的实际年龄相符合,年龄特征具有一定的稳定性。

（10）追求进取。面向未来,善于进取,富有竞争意识和勇于向前的精神;崇尚科学,具有一定的创造能力和竞争能力。

3.心理健康标准的正确理解和运用

（1）健康标准的非绝对性。应该讲,任何标准都是相对的,而非绝对的。在现实生活中,我们评判一个人是否健康,也只是参照某些标准才得出结果的,而所参照的某些标准也并非一成不变的,用其衡量的结果也并非是绝对的。所以,一般情况下,只要基本符合了公认的心理健康的特征,就可以被认为是心理健康者。要知道,在我们生存的这个地球上,想要找到完美无缺的符合现行的心理健康标准的人,几乎是不可能的,正如要在世界上找出一个毫无躯体疾病的"绝对健康"者非常困难一样;因为世界上不存在"绝对健康"的完人。不管怎样,现行的心理健康标准,起码给我们提供了一些相对的可比较的概念,指明了提高心理健康水平可操作可努力的方向。青少年个体只要以现有基础为起点,不断努力,就可以积极发挥自己的心理潜能,推动自己的心理健康水平向更高层次跃升。

(2)健康状态的非固定性。每个人的健康状态不是静态的,这是尽人皆知的。心理健康也是如此,即没有固定不变的道理。比如心理疾病患者,经过医治,排除了心理疾病,恢复了健康,就重新回到了健康状态;基本健康的人,经过努力,提高了自我修养,完善了个性品格,磨炼了坚强意志,可以更加健康;心理健康者,并不是一点心理问题都没有,更不是没有心理不健康的行为表现,也存在着向其他状态转变的可能。任何人的心理健康状态都不是一成不变的,个体处于两种临界状态相交叉的状况,也是常有的。

(3)心理与行为的非等同性。有不健康的心理和行为表现,并不等于心理不健康。也就是说,心理健康与否与行为表现不能等同起来。因为任何一个处于心理健康状态的人,都有可能偶尔出现一些不健康的心理和行为,如针对特定对象或事物可能产生的自卑和嫉妒等心理,就可能经过调整,较快地恢复到健康状态。心理健康者出现的不健康心理和行为的状态是暂时的,而心理不健康者出现的缺陷心理和行为的状态则是较持久的。因此,我们不能仅凭一时一事而简单地得出结论,尤其不能仅凭蛛丝马迹就轻易地给人下一个心理不健康或有心理疾病的论断。

(4)健康与否的非对立性。生活中有些人习惯把健康和不健康对立起来,这种认识本身就存在偏颇。事实上,健康与否不能用"非此即彼"来衡量,躯体健康如此,心理健康更是这样。心理健康与不健康是一种动态的复杂的现象,有时无法用明确的界限来加以区分,更不能把它们对立起来。人类的基本心理状态虽有最健康、健康、较健康、心理缺陷、较轻的心理疾病、严重的心理疾病这样一些概念上的区别,但它们的分布状态还是体现了连续的特征。这连续分布的每一个状态,都如同水平仪中的水银,随时都可能向相邻的状态发展,如心理缺陷就是不稳定的状态,具有向两极发展的可能性。心理缺陷属于特殊的心理不健康状态,其发展和变化的趋向,受个体的心理防卫功能、接受心理健康教育程度和自我心理保健水平的制约。具体说,就是心理健康者因为不良心理、社会因素,可能发展为心理缺陷者,如果继续受不良心理、社会因素的影响,就可能发展为心理疾病者;反之,心理疾病者经过积极的防治和保健措施的落实,可以恢复为心理缺陷者,再进一步实施心理卫生教育和自我心理保健,就可以恢复为心理健康者。各个状态之间的发展变化过程,也是渐进的,且两个相邻状态还存在交织、交融的现象,根本不存在对立。

三、心理状态及对策

故事引路

拿破仑·希尔曾经做过一个这样的试验,他问一群学生:"你们有多少人觉得我们可以在 30 年内废除所有的监狱?"

学生们觉得很不可思议,这可能吗? 他们怀疑自己听错了。一阵沉默以后,拿破仑·希尔又重复了一遍:"你们有多少人觉得我们可以在 30 年内废除所有的监狱?"

确信拿破仑·希尔不是在开玩笑以后,有人马上站起来大声反驳:"这怎么可以,要是把那些杀人犯、抢劫犯以及强奸犯全部释放,你想想会有什么可怕的后果啊? 这个社会别想得到安宁了。无论如何,监狱是必需的。"

其他人也开始七嘴八舌讨论:"我们正常的生活会受到威胁。""有些人天生坏,改不好的。""监狱可能还不够用呢!""天天都有犯罪案件的发生!"还有人说,有了监狱,警察和狱卒才有工作做,否则他们都要失业了。

拿破仑·希尔不为所动,他接着说:"你们说了各种不能废除的理由。现在,我们来试着相信可以废除监狱,假设可以废除,我们该怎么做。"

大家勉强地把它当成试验,开始静静地思索。过了一会儿,才有人犹豫地说:"成立更多的青年活动中心应该可以减少犯罪事件。"不久,这群在10分钟以前坚持反对意见的人,开始热心地参与了,纷纷提出了自己认为可行的措施,"先消除贫穷,低收入阶层的犯罪率高。""采取预防犯罪的措施,辨认、疏导有犯罪倾向的人。""借手术方法来医治某些罪犯。"……最后,总共提出了78种构想。

心理按摩

这个试验说明:当你认为某件事不可能做到时,你的大脑就会为你找出种种做不到的理由。但是,当你真正相信某一件事确实可以做到,你的大脑就会帮你找出能做到的各种方法。心理学上把这种现象称作心理状态,不同的心理状态必然导致不同的行为结果。下面这个故事可以帮助我们进一步理解这个问题:

有一位退休老人,在一所学校附近买了一栋简朴的住宅,打算在那里安度晚年。可是,有三个无聊的年轻人,经常在闲着无事的时候踢房屋周围的垃圾桶。附近的居民深受其害,对他们的恶作剧多次阻止,但无济于事,时间长了,只好听之任之。

这位老人受不了这种噪音,决定想办法让他们停止。

有一天,当这三个年轻人又在狠踢垃圾桶的时候,老人对他们说:"我特别喜欢听垃圾桶发出来的声音,所以,我想请你们帮我一个忙,如果你们每天都来踢垃圾桶,我将天天给你们每人50便士的报酬。"

年轻人很高兴,更加卖力地踢垃圾桶了。

过了几天,老人愁容满面地对他们说:"通货膨胀减少了我的收入,从现在起,我恐怕只能给你们每人30便士了。"

三个年轻人有点不满意,但还是接受了老人的条件,每天继续踢垃圾桶,只是没有从前那样卖力了。几天之后,老人又找到他们:"瞧!我最近没有收到养老金支票,所以每天只能给你们 10 便士了,请你们千万谅解。"

"10 便士!"一个年轻人大叫道,"你以为我们会为了区区 10 便士浪费我们的时间?不成,我们不干了!"

从此,老人和邻居都过上了安静的日子。

在生活中,有时我们经常失去一些东西,但我们却不知为什么失去的,这其实和我们的心理状态有关。每一种心理状态都有底线,只要我们学会退一步、进两步的策略,就能找到弥补和挽救的时机。这位老人深知:逼迫得别人走投无路,别人就会拼命反抗;给别人一线生机,他就会自行逃走。同样道理,我们在现实生活中要学会调试自己的心理状态,以适应千变万化的社会环境。

切记,没有办不到的事情,只有不想办的事情!

健康护照

心理健康、心理缺陷和心理疾病,是现代心理卫生科学划分的人的三种基本心理状态。心理缺陷和心理疾病皆归入心理不健康范畴。心理卫生与心理健康是两个不同概念,两者有关联又有区别——心理卫生的目的是心理健康,心理健康的手段是心理卫生。也就是说,没有心理健康作为目标,与心理卫生相关的各种措施和活动就无从开展;脱离了心理卫生,心理健康就没有保障。心理卫生的主要目标是,积极地运用心理规律,预防心理疾病,培养和维护健全的人格,提高人的社会适应能力。从这一角度上说,心理卫生既有利于个体的人格完善,又有利于促进社会和谐发展。

针对这三种不同的心理状态,一般适用的心理卫生措施也不同:

1. 心理健康状态及对策

通常,多数青少年是基本具备 6 项心理健康特征的心理健康者。但是,我们已经强调过,在我们生存的地球上,是根本不存在绝对健康的"完人"的。因为凡是已经被现代心理卫生科学归入心理健康范畴的人们，依然存在各种心理问题和心理不健康、不完善现象。长期忽视心理卫生保健的心理健康者，有可能转向心理缺陷。

针对心理健康者应采取的心理卫生策略是：

（1）强化自我保健意识。提高自我心理保健意识的主渠道，自然是以普及心理卫生科学知识为核心的心理健康教育。不断强化只是为了打好基础，形成自觉培养健康心理的意识才是关键。

（2）增强心理防卫能力。任何个体都存在着个性方面的不足或偏差，克服这些不足和偏差，重点是调控自我心理行为，即及时调节和控制自己的不良认识、情绪和行为。解决这个问题的主要方法是，自觉地接受心理咨询指导，定期进行心理测验，了解自己心理的优势和不足。

（3）遵循心理科学原理。目的是以心理科学原理为依据，认清自身与他人或社会的关系，处理好个人与家庭及社会的关系，发挥好大脑效能，高绩效地完成学业或工作，不使学习、工作、情感、社交、健康等方面成为个人为社会服务、为人类贡献的障碍。

2.心理缺陷状态及对策

现代心理卫生科学把有心理缺陷的人归入心理不健康范畴的原因，是这类人缺少正常人所具备的心理适应、调节和平衡能力，虽然他们尚未达到心理疾病程度，但已经明显地偏离心理健康轨道。

心理缺陷是常见的心理不健康状态。心理发育不健全和不成熟，是造成心理缺陷的基本原因。性格和情感缺陷是心理缺陷者最常见的特征，社会集体生活适应不良是这种缺陷导致的直接后果。所谓社会集体生活适应不良，主要表现为在人际关系上有协调障碍。也就是说，心理缺陷使个体在集体生活中无法摆脱心理矛盾或困扰，无法面对人际关系上的困难，无法使自己进入正常的心理平衡状态；心理缺陷容易诱发多种心理疾病，导致身心功能紊乱，严重影响个体在学习、工作或事业上的追求进取，妨碍其在集体生活中发挥积极作用，阻碍其为社会做出积极贡献。

心理缺陷虽处于心理不健康状态，但这种状态属于"过渡"或"边缘"性的,具有极大的可变性。因其介于心理健康与心理疾病之间,既可以转化为心理健康,亦可以发展为心理疾病。究竟是向积极方向转化,还是向消极方向转化,取决于个体心理卫生水平、接受医疗帮助程度和客观上的心理卫生指导情况。

针对心理缺陷者应采取的心理卫生措施主要是:

(1)开展心理教育。开展宣传教育的目的,是让心理缺陷者尽早树立心理卫生保健意识,了解和掌握一些基本的心理卫生保健方法,使其能够早期识别、正确判断自身存在的心理缺陷,并认清心理缺陷的危害性,主动接受心理咨询和心理训练,为向心理健康者转化铺平道路。一句话,越早认清危害,越早掌握转化的先机。

(2)开展心理训练。心理健康教育和心理训练相结合,是解决心理缺陷者向健康状态转化的重要措施。开展心理健康教育解决的是认识问题,只有认清了心理缺陷的危害,才有主动接受心理训练的可能。越早接受训练,越早实现转化。

3.心理疾病状态及对策

心理疾病已被现代心理卫生科学明确界定为心理不健康范畴。《中国精神疾病分类和诊断标准》(CCMD－2)[①]把心理疾病与精神疾病看做是同一类疾病,认为它们都是由不同原因导致的大脑功能紊乱性疾病。判断一个人是否患有心理疾病,主要是看这个人的表现是否符合心理疾病诊断标准,并且必须由心理医生或精神病科医生诊断,而其他人不能妄下结论。

针对心理疾病患者应采取的心理卫生策略是:

(1)开展心理训练。关键是能够早期发现和识别病人,越早越好,早期明确诊断就更有利于防治。心理疾病患者不仅需要心理健康教育,更需要心理训练,特别是早期的患者,使其转化到心理健康状态,心理训练是十分必要的,也是不可或缺的。

---

① 《中国精神疾病分类和诊断标准》(CCMD－2):中华神经精神科学会(后来神经科和精神科分开,前者主要关注器质性病变,后者主要关注心理活动,两者相关但有所区别。)1989年通过颁布,1994年修订。中国精神疾病分类方案与诊断标准共列出精神疾病100余种,常见的有神经症、精神分裂症、情感性心理障碍、身心疾病、人格障碍与性变态等。

（2）施行心理治疗。对待心理疾病患者，除了进行心理健康教育、心理训练以外，更重要的是施行各种心理治疗，包括精神药物治疗。心理治疗虽是手段，却是实现心理疾病患者稳定病情和转化状态的必不可少的手段。以心理训练为基础，施行心理治疗，要遵循早而坚持的原则，既不耽误治疗，又不影响治疗效果，以促使心理疾病者早日康复，转化到心理健康状态。

必须指出，心理缺陷与心理疾病是两个完全不同的概念，两者不可混淆。一般情况下，心理治疗和精神药物治疗对心理缺陷是没有实际效果的，这是在采取心理卫生措施时应区别对待的。

第二讲　青少年如何提高适应能力

一、适应的心理过程

故事引路

　　一个犹太小男孩,在5岁生日前的一天,和父亲一起突然被纳粹抓进了集中营。

　　小男孩的父亲用平常的语气告诉他:"我们正在参加一场惊险、刺激和有趣的游戏,如果取得了1000分,我们就会取得胜利,奖品是一辆坦克。"

　　父亲和孩子制定了游戏规则,把凶恶的纳粹看作敌方,在充满恐怖的集中营里做着游戏。当感觉到濒临溃败的德国人将要进行最后的大屠杀的时候,父亲悄悄地把孩子藏进了一个大柜子里,并告诉他,"现在我们已经积了940分,只差60分就可以成为最后的大赢家了。从现在开始,你必须藏在里面,不许说话、不许动,不许让任何人发现你。否则,前面我们的940分都白攒了,敌人就获胜了。只有当外面没有任何人时,你才能出来。记住,一直到外面没有任何人时,你才能出来!"

　　天真的孩子以为父亲是真和自己玩游戏,他遵守了游戏规则,耐心地守在柜子里。不知过了多久,当他确信外面没有人时,才从柜子里爬了出来,正当他望着空旷的集中营发呆时,一辆坦克冲破集中营的高墙缓缓驶来。小男孩惊喜地叫了起来,他发现了人群中还穿着囚服的妈妈,一边跑一边高喊:"妈妈,我们赢了1000分,坦克!我们赢了!"可是小男孩的爸爸,却已经死在了纳粹的枪口下。

心理按摩

适应就是个体适合客观条件或客观需要。即个体随着各种客观条件、客观环境、客观需要的变化不断做相应的改变,以适合客观变化。适应是人类优于其它动物的本能之一,是人人应该具有而且也能够发挥好的基本能力之一。故事中的小男孩,在纳粹大屠杀的恐怖中,严格遵守父亲与他一同制定的游戏规则,终于躲过了纳粹的枪口,幸运地活了下来,这与他良好的适应心理不无关系。

适应要有一个过程,这个过程人人都要经历,只不过不同的人需要的时间长短不同。故事中的小男孩,躲过浩劫的另一个原因,是他经历的适应时间较短。一个任性的孩子,一个不能适合客观条件和需要的孩子,一个不能遵守"游戏规则"的孩子,如果处在这个小男孩的生存环境下,结果将会怎样,恐怕我们是不敢设想的。

当然,小男孩的父亲通过"游戏"为他提供了一种新的适应心理需要的环境,缓解或减轻了他内心的紧张和恐怖,这也是小男孩躲过浩劫的前提。

"适应"是英国生物学家达尔文《进化论》中的基本观点。达尔文从生物与环境相互作用的观点出发,认为生物的变异、遗传和自然选择作用能导致生物的适应性改变。我们熟知的"适者生存"和"用进废退"理论,揭示了人类能够生存和发展的奥秘,即适应环境。

健康护照

适应的心理过程即适应的途径,主要包括以下几个步骤:需要→阻挠→反应→适应。

1.需要

需要指人对客观事物的欲望或要求,是人类从事各种社会实践活动的最重要的心理动力。例如,每个学生来到学校,都会从自己的需要或动机出发,进入学习状态,以获得科学文化知识和技能,求得进一步学习深造和适应社会、服务社会的能力,为今后就业和终身学习打好基础等等。其中,创造高质量的生存条件和获得较高的生存能力,是求学者的普遍需要或动机。

2.阻挠

阻挠指人现有的习惯机制不能满足其新产生的需要或阻止了其动机的实现。阻挠一般对个体的发展或成功起破坏或阻滞作用。例如,进入一所新的学校,像小学升入初中、初中升入高中、高中升入大学等,新生都会产生一些新的需要和动机,但是其旧有的习惯,如动作拖沓、自由散漫、贪图安逸、依赖父母或依赖他人等,根本不能适应新环境的要求,致使他的新需要和动机得不到满足。这种事与愿违的状况就是阻挠状况,大多会使个体产生不同程度的紧张与焦虑。这也是许多新生进入学校后出现的常见现象。

3.反应

反应指人面对各种情境所采取的尝试解决问题的方式。反应有习惯方式和非习惯方式之分。一般情况下,面对一种新的情境,在用习惯方式尝试解决问题而遭受挫折时,人们就会主动寻找一种新的能够解决问题的方式。所以反应的非习惯方式大多是在习惯方式遭遇挫折时出现的。只要情境不断变化,人的反应就会不断变更。通常,人是以适应环境著称的,而这种适应的效果,基本取决于其不断变更的反应。效果不同,情绪表现截然相反:成功了就喜上眉梢,失败了则垂头丧气。例如,新生进入学校后,旧有的习惯使其跟不上校园的快节奏,而出现紧张、焦虑的情绪,这是正常的。但是如果其积极地寻找解决问题的方法,约束自己的行为,主动向规范的同学模仿讨教,从同学那里学到了很多怎样合理安排时间的生活窍门,很快就跟上了学校新的快节奏生活,继而出现轻松、愉悦的情绪,这就属于反应方式变更快捷有效;如果其完全处于被动或消极状态,即停留在旧有的习惯方式上,难以变更,或虽有变更,但其方式不能适应已经变化的情境的要求,则其紧张、焦虑的情绪会延续乃至加重,这就属于反应方式变更缓慢无效。

4.适应

适应指人显示的适合客观条件或需要的心理状态。一般只要个体减轻或消除了紧张心理,就被视为达到了适应的标准。例如新生入校后不久就找到了正确的反应方式,刚入校时的心理压力减轻了,并且对新环境、新要求逐渐熟悉,与学校生活节奏保持一致,就达到了基本适应状态;进而完全消除了紧张心理,与学校生活节奏保持了和谐统一,甚至游刃有余,就达到了完全适应状态。

需要→阻挠→反应→适应,这一适应心理过程告诉我们,当适应出现问题时,关键是要保持一个积极的心态。常言道,心态决定成败。只要坚信,任何不适应的状况,都有与之相对应的反应方式,即解决问题的最佳方法,而积极的心态能够促使我们尽快地寻找这种方法。当然,积极地寻找并不意味着能够成功地找到解决问题的反应方式,且其寻找的过程又是因人而异的。但是,无论情况有什么不同,在尚未找到成功的反应方式的时候,更要保持一种积极的心理状态。因为,任何消极的心态,都对寻找解决问题的方式没有一点好处。

需要指出的是,有时借助外力也是寻找解决问题方式的捷径。个体受客观环境限制,无法依靠自身的能力找到或者干脆不能找到解决问题(满足需要)的方式,这种时候就需要求助他人。如评选"三好学生"的需要受名额限制满足不了时,班主任老师一席安慰鼓励的话或心理辅导老师的开导帮助,就为其提供了一种新的心理适应条件,缓解或减轻了内心的紧张和焦虑。从心理学的观点看,一种解决方式只要能够减轻个体内驱力(需要、动机)引起的紧张状态,就算是一种解决问题的适当方式。

二、新生的心理适应

故事引路

1942 年 1 月 8 日,是现代科学之父、意大利天文学家伽利略逝世三百周年纪念日,也是斯蒂芬·威廉·霍金诞生的日子。9 岁时霍金就立志成为一名科学家,17 岁他跨进了牛津大学,在别人眼里,霍金是幸运的。

然而,在大学三年级时,他的手脚变得越来越不灵活,竟然在一次可怕的事故中从楼梯上滚落下来,一直滚落到楼梯的底部。他患了肌肉萎缩症,却以惊人的毅力取得了剑桥大学的博士学位。此后,除了思想,他几乎全身都不能动弹,不能说话,谁也没有想到他不仅能够活下来,而且硕果累累,32 岁被接受为英国皇家学会会员,37 岁被任命为剑桥大学卢卡逊数学教授,成了与牛顿、爱因斯坦并肩的科学巨匠。

心理按摩

美国的拉尔夫·沃尔多·爱默森[①]说:"没有任何外界的力量能

---

① 爱默森(1803—1882):美国 19 世纪文坛巨匠,《大自然》等散文作品对世界影响巨大。

够统治你。"霍金从小住在一个又乱又破的旧房子里,栅栏倒了,墙纸剥落了,窗户上的玻璃碎了……在他向成功迈进的时候,身体的残疾又接踵而至,生存环境的窘迫、身体的高度残疾,都没有让他向命运低头。他没有显赫的权势,没有巨额的财富,没有健康的身体,却有着全人类最伟大的进步精神。凭了这一点,他把自己的劣势变成了优势,创造了奇迹,实现了梦想,赢得了尊重。

霍金的故事告诉我们:一个人不仅要适应艰苦乃至恶劣的环境,更要适应生活对自己的考验。身体的残疾并不可怕,心理的残疾才是可怕的。

健康护照

从小学、初中、高中到大学,从学生到普通劳动者,从单纯的消费者到社会财富的创造者,是青少年人生经历的一次次重大转折。不断变化的新环境、新角色,使许多青少年随着短暂的新鲜感和好奇感的消失,出现了一些与适应有关的心理反应,如学习生活紧张、生活条件艰苦、管理严格和远离亲人等方面的不适应。针对这些不适应,我们介绍一些具体的对策:

1.学习生活紧张的适应对策

21世纪的校园生活节奏快,学习任务繁重,所有的学校在作息时间上都有明确的规定,特别是准军事化管理(一般多为寄宿制)的学校,一切活动都必须在规定的时间内完成。而且现在的家长、学校和社会对独生子女期望值过高,从早到晚逼着学生学这学那,既要素质教育,又要应试教育。因此,不少青少年在多重压力下,出现了紧张、焦虑甚至失眠等影响身体健康的现象。为了防止这种现象,我们建议青少年重点做好以下几点:

(1)掌握校园生活规律。与现代社会的快节奏相匹配的校园生活,由于中考和高考的压力,显得格外紧张,但只要细心研究就会发现,无论多么紧张的校园,都是井然有序的,都是有规律可循的。只要熟悉了校园一天的学习和生活程序,掌握了与自己相关的作息规律,了解了必须遵守的管理制度,增加了预见性和主动性,就可以避免忙中出错,进而实现从容应对。当然,由遵循规律到适应规律需要一个过程,只要我们尽量缩短这个适应周期,紧张的学习生活就充满了乐趣。乐趣是舒缓紧张情绪的良药。

(2)学会做时间的主人。一般,有时间观念的人,能够要求自己尽可能在限定的时间内完成计划任务。养成这样的良好习惯,有助于增强信心。俗话说,不怕一步慢,就怕步步慢。如果在遵循校园生活规律上总是落后于他人,适应校园紧张学习生活的进程就会被拖延。时间是销蚀意志的腐蚀剂,只有缩短不适应期,才能减缓心理压力。青少年要学会做时间的主人,而不是做时间的奴隶。能够在有限的时间内高效学习或工作,这样才能缩短不适应期。

(3)学会培养技能技巧。熟练的技能技巧不仅能节约时间,更重要的是能够缓解心理紧张,缩短不适应的周期。因此,青少年要高度重视提高各种活动技能的训练,以促进对学校生活的尽快适应,如在寄宿制学校就读的学生,空闲时练习一下穿衣、叠被、洗漱、清理卫生等;走读生也可以通过这些方面的练习,缩短滞留在家的时间,为按时到校学习提供保障。

(4)学会休息和放松。常言道,不会休息就不会工作。张弛有度,这虽是一种对工作的理性要求,但对青少年学习亦有启发性。比如,有些同学除了学习还是学习,学习的弦绷得紧紧的,丝毫不给自己一点放松的机会,这样更容易出现问题。其实会休息的学生学习才是高效的,那些喜欢和同学开开玩笑、打打球、下下棋、唱唱歌的学生,学习效果一般都比较明显。所以学会放松,如约几个同学在花园中写生、在树荫下散步或到琴房弹琴、去声乐室唱歌等,对缓解疲劳、保证旺盛的学习精力,大有裨益。

2.生活条件艰苦的适应对策

随着经济形势的好转和教育投入的增加,校园生活的艰苦程度已经大为降低,特别是经济相对发达地区,教育设施基本达到了国内一流水平。但与独生子女在家庭中的优越生活条件相比,学校的集体生活会相对艰苦一些,特别是寄宿制学校。青少年如果原先的心理准备不足,就会在心里产生一种落差,产生不适应的感觉(不适应的时间长短因人而异)。

为尽快适应学校艰苦的集体生活,我们建议青少年着重做好以下几点:

(1)面对新环境,要了解环境特点。每个阶段的新生初到一所新学校后,首要的事情是及时了解新的学校学习和生活特点,了解这所学校与原先就读的学校对学生的要求有什么不同,以做好充分的心理准备。有心理准备是适应艰苦环境的前提。艰苦的生活就像担子,摆在我们面前,看我们敢不敢承担。可见,艰苦的生活环境最能考验人的意志。作为 21 世纪的青少年,连学校这种集体生活的艰苦都没有足够的心理准备去克服,那么又怎能去面对更加艰苦的社会和人生呢!2008 年 9 月 6 日晚 23 点,在北京残奥会开幕式上,当"鸟巢"上空的主火炬塔被点燃的那一刻,全世界的目光都聚焦在了残疾人运动员、火炬手侯斌身上。是的,是侯斌拉动手中的绳索,让自己连同身下的轮椅"飞"向火炬塔,每一寸,都那样艰难,每一寸,又那样坚定。那一刻,全世界为之震撼,在侯斌身体的飞升中,无数的心灵在升华,因为侯斌的身体负载着人们追随圣火的梦想,这就是不屈服、不抱怨,默默攀爬,不断超越的人类精神。那一刻,我们没有人因为侯斌坐着轮椅而对他有一丝的怜悯,却肃然起敬,因为人们知道,为了这一刻,侯斌克服了常人无法想象的艰难困苦。瞧,侯斌所处的恶劣环境没有阻挡住他前进的轮椅,反倒成了帮他取得成功的优势,相比之下,所谓的校园集体生活的艰苦,又算得了什么呢!

(2)面对新环境,要纯正生活动机。动机决定态度。要问问自己,进入这个新环境,生活动机是什么。如果进入一所新的学校的动机是为了增长知识、提高素质、锻炼自己、早日成才,就能克服困难,为适应新的学习生活打下坚实的思想基础。周恩来从小就立下了"为中华崛起而读书"的誓愿,毅然抛弃了富裕的家庭生活,坚毅地投身革命,为中国人民的解放事业鞠躬尽瘁,成为人民爱戴的好总理。无数像周总理这样的爱国人士,无一不是毅然决然地抛弃了优裕的生活条件,而有所作为的人,他们的成就皆来源于生活动机的纯正。对那些生活态度端正的人来说,今天的物质生活条件好了,更应该或能够做出一番事业。

（3）面对新环境,要建立吃苦意识。青少年要学会考问自己,进入一个新环境,有没有吃苦意识。有人说过,人生来就不是为了享福而来到这个世界上的。苦与乐从来不是绝对的,两者存在着辩证的关系。人生的最大财富是能够从艰苦中磨炼意志,吃苦的经历常常是激发人走向成功的动力。青少年一生取之不尽用之不竭的无形资产不是享乐,而是在艰苦的环境下磨砺。江苏淮阴县五里中学,有名女孩叫徐胜兰。徐胜兰的父亲因病去世,撇下了她和弟弟妹妹,还有多病的妈妈相依为命。在农村,像徐胜兰这样的家境,女孩是无力上学的,因此,妈妈劝她停学,帮妈妈种田养家糊口,可她死也不答应,哭着向妈妈哀求:"妈妈,我知道您的苦楚,可我不能不上学,5亩地,我边上学边帮您种地。"妈妈终于答应了她的请求,于是她起早贪晚,承担了家中许多活,还跟学校请好假,每天提前回家帮妈妈种地。一个十四五岁的小姑娘,居然能扶犁耕地,连比她大的男孩子都自愧弗如。起初,排在学习成绩前10名的全是男生,由于徐胜兰学习有目标,态度端正,从入学成绩倒数第二,一跃而成为全班第一。徐胜兰的经历告诉我们,只有建立起吃苦意识,才能直面人生磨难;只有自觉地吃苦,才能真正享受到艰苦过后的快乐。

3.管理严格的适应对策

任何一个社会组织要想高效运作,都必须做到严格管理。严格管理是组织制度的需要,青少年在自觉性没有真正建立起来之前,这种组织制度的约束是必需的。即使是成年人,也经常表现出缺乏自觉性的行为,有的甚至还是习惯性的。因此,人们无论处于哪一个社会组织中,都应该接受严格管理,这是一个人所在的社会组织能够正常运转的前提。从通常意义上说,严格管理就是对人的自由意愿的客观约束和限制,而任何个体在主观上都或多或少存在着与这种客观约束相排斥的需要。因此,严格管理就意味着任何个体都要放弃一部分自己的主观意愿,接受一部分客观限制,即强迫自己放弃那些想做而与组织需要相悖的事情,尽量去做不想做但组织需要必须去做的事情。客观上说,学校的管理制度是针对青少年的年龄和心理特点制订的,相比其他组织机构要宽松得多,无论怎样强调严格管理,也是充满人文性的。但不管怎么说,管理的这种约束和限制,还会使一些青少年在进入各级各类学校之初感到不适应。遇到这种情况,不妨试一试下面几种方法:

(1)尽快定位角色,服从规范。社会心理学有一个著名的社会规范理论。所谓社会规范,就是在某种特定的情景里,人们如何行动的一致意见。换句话说,我们每一个人都在社会生活中担任一定的角色,如教师、学生,医生、患者,父母、子女等,社会规范对每一种角色的言行作了明确的规定,而个人必须服从这些规范,以保持社会的稳定、有序与和谐,否则就会招致排斥甚至惩罚。青少年以学习为主,以接受学校教育为主,因此,作为学生,与人生其他阶段的角色相比,这个角色的行为规范有其特殊性,即与其他角色的最大区别在于,在校学习期间要养成良好的行为规范和文明守纪的习惯,为今后扮演其他社会角色打好基础。毫无疑问,青少年是国家和民族的未来,任何一个有责任感的青少年都应该自觉接受这种严格管理,主动适应这种严格管理,以培养自身优良素质,成为推动社会发展的栋梁之才。

(2)端正行为态度,辩证思维。心理学强调态度影响行为,而处理好纪律与自由的辩证关系,首先取决于态度。有些青少年对学校(或其他组织)严格管理有逆反心理,这恰好与态度有关。态度是一种心理倾向,是行为的准备状态。我们常说的自我意识,就是心理倾向的一种表现。如果自我意识出现了偏差,心理上就会产生负面效应。严格与宽松、纪律与自由从来就是相对的、辩证的,双方是一个互补的关系。一个能够自觉遵守纪律的青少年,再严格的管理对他来说也是宽松的;因为在自觉遵守纪律的前提下,自由的空间是很大的。要知道,多么严格的管理也有一个度的限制,也要遵循循序渐进的原则,如同角色的转变需要一个过程一样,宽严结合、张弛有节是管理的最佳状态。只要明白,有时我们改变不了客观世界,但可以改变主观世界。作为青少年,一开始对学校的严格管理有些不适应是正常的,只要我们调整好心态,克制自己的抵触情绪,增强信心,就能够处理好与管理有关的一切难题。

(3)强化自律意识,树立信心。他律是一种客观的约束,而自律是一种内化的动力。强化自律意识,能够产生一些积极的情绪体验,有了这样的情绪体验,说明我们的自我教育显现了效果。为了巩固这一效果,此时可以对自己采取一些鼓励性的措施。所谓强化,其实就是不断地适时地鼓励自己,使积极的情绪体验转化成良好习惯。每一个心理健康的青少年,都清楚自己对未来充满憧憬,期待这种憧憬早日成为现实。但憧憬和期待都不解决树立信心问题,只有行动才能让愿望变为现实。坚持自律的强化,就是在不断强化信心,使自己的行为能够适应外界的约束和限制,并通过自我反省的方式告诫自己,适时地抑制并化解与之相悖的情绪体验,主动排除强化信心的障碍,把适应学校严格管理进而自觉遵纪守法逐步内化为自己的作风和习惯,做自律的模范。

4.远离亲人的适应对策

心理学有一个"第二次断乳期"的概念。所谓断乳,指阻断个体与母体之间的直接联系,即阻断个体对母体的依赖。第一次断乳切断了个体对母体生理上的依赖,第二次断乳切断了个体对母体心理上的依赖。青少年每升入一所新的学校,难免会因为熟悉的人际关系网络突然被阻断,而产生孤独感。特别是进入寄宿制学校的新生,一下子离开了温暖的家庭,难免会产生恋家情绪。这原本是一种普遍的正常的心理现象。但是如果这种思念情绪超出了人们公认的度,就属于不正常的现象了。例如,有的青少年想念过去的朋友和家人想到不能自拔的地步,整天无精打采,学习注意力不集中,晚上睡不着觉,有时还躲在被子里哭鼻子;有的青少年不与他人交往,整天沉浸在孤独郁闷中,根本无心学习,甚至私自弃学回家。这些表现对个人的成长有害无利。因为任何人都不能一辈子依偎在母亲的怀抱里生存,对他人的依赖只会延缓心理上的成熟,使个性发展受到限制。过度思念家人或朋友,其实就是第二次断乳不彻底,直接后果是:轻者分散学习精力,影响学业的完成;重者产生自闭心理,导致人际交往的退缩或偏差。因此,青少年一定要学会真正从心理上断乳,为最终完全适应社会生存环境打好基础。

(1)放开眼界,学会自立。每一个成长中的人都要自觉强化独立意识,独立生活或者生存,连许多动物都必须面对,何况我们人类呢!青少年要放开眼界,如果在追求自己的人生目标过程中,连自觉地控制想家的念头都做不到,又怎能实现自己的远大理想呢!因此,青少年要有意识地督促自己克制依恋亲人心理,学会自强自立。既然任何人都不可能固守在某一个生活圈子内,且走向社会独立生活是青少年成长和发展的必然趋势,那么为了我们能够早一点迈向成熟,让我们大胆地向父母挥手、与家庭告别吧。

(2)"移情别恋",学会放松。如果一味地想念亲人,心里就像背上了一个沉重的包袱,不能承受又无法摆脱,那将会是一种苦不堪言的结局。如果能够积极地进行情绪转移,把自己的精力集中于学习和活动上,想家的心理负担就会减轻。其实当我们被一种消极情绪钳制的时候,最有效的办法就是"移情别恋"。这样做既有利于平衡心理状态,又有利于提高适应环境能力。所以,业余时间多参加一些文体活动,特别是集体活动,如踢足球、打篮球等剧烈运动项目,以此宣泄自己的情绪,分散自己的注意力。还可以多看看书报,玩一些益智游戏,参加一些社团活动,如加入舞蹈队、合唱团、文学社或科技制作、航模等俱乐部,这些组织为青少年爱好者提供了融洽而稳定的会友、交流和共同进步的平台,对于陶冶性情、确立积极的人生态度、培养融洽的人际关系十分有利。

(3)深化友情,学会社交。摆脱孤独,摆脱恋家情绪,有效的办法之一就是尽快结交新朋友。校园生活的特点之一就是与人交往。可以这样认为,热情结交新朋友是青少年在学校学习生活中向社会学习的初始阶段。能够从由亲人组成的小圈子中走出来,与他人交往,逐渐扩大交往的范围,进而在和睦相处中交到新的知心朋友,这是青少年学习社交的渐进过程。有了这个过程,成长中的青少年就不会有孤独之感,因为深化友情的过程就是淡化孤独感的过程。一个没有孤独感的人,体验的大多是积极的情绪。积极的情绪可以使个体乐观开朗,提高待人接物的水平;还可以使个体的认知、情感、意志过程协调,个性健全发展,成为和谐社会的促进者;还可以为今后的事业成功、生活幸福奠定基础。总之,深化友情,学会社交,对转化个体远离亲人的不适应感觉具有十分重大的意义。

(4)依靠集体,学会倾诉。每一个相对的环境中必然存在一个相对的集体,因此新的学习环境中也必然有一个相对稳定的集体。依靠集体是每一个走出家庭小圈子的青少年不可忽视的问题。组成这个集体的同学,虽然来自不同的家庭环境,但大家的志趣、爱好、发展目标大体相同,融入这个集体,能够处处感受同学习、同活动、同娱乐的温馨。当你苦闷的时候,老师的关心帮你打开心结;当你彷徨的时候,同学的关心帮你战胜困难。老师像父母长辈,同学如兄弟姐妹,这样的集体,不是家庭但胜似家庭,温暖如春,友爱无比。因此要学会与所在集体的成员和睦相处,学会及时向老师或要好的朋友倾诉自己的苦恼。学习和生活中碰到了难题,应主动争取老师和同学的帮助。依靠集体,必先建立集体观念,这是理性的生活态度建立的前提。一个沐浴在集体温暖中的青少年,即使亲人远在天边,也不会有强烈的不适应感觉。

三、角色转换的心理适应

故事引路

一个博士新到一家研究所工作,成了这家研究所学历最高的人。有一天他到单位后面的小池塘去钓鱼,刚好正副所长也在钓鱼。他只是微微点了点头,心里却嘀咕:这两个本科生,有啥好聊的呢?

不一会儿,正所长放下钓竿,伸伸懒腰,要上厕所。只见他"蹭蹭蹭"健步如飞,从水面上走到了对岸。

博士眼睛睁得大大的。水上飘?不会吧,这可是一个池塘啊!

正所长上完厕所,同样也是蹭蹭蹭地从水上飘回来了。

怎么回事?博士生又不好去问,自己是博士生哪!

过一阵,副所长也站起来,走几步,蹭蹭蹭地飘过水面上厕所。这下子博士差点昏倒:不会吧,到了一个江湖高手集中的地方?

博士生也内急了。这个池塘两边有围墙,要到对面厕所非得绕十分钟的路,而回单位上又太远,怎么办?

博士生也不愿意去问两位所长,憋了半天后,也起身往水里跨:我就不信本科生能过的水面,我博士生不能过。

只听咚的一声,博士生栽到了水里。

两位所长将他拉上岸来,问他为什么要下水,他疑惑地问:"为什么你们可以走过去呢?"

两位所长相视一笑:"这池塘里有两排木桩子,由于这两天下雨涨水正好在水面下。我们都知道这木桩的位置,所以可以踩着桩子过去。你怎么不问一声呢?"

心理按摩

学历代表过去,不能代表将来。角色变了,心态不变,必然会走弯路。尊重有经验的人,注意角色学习,才能适应角色的要求,少走弯路,少犯错误。一个心理健康的人,也应该是一个学习型的人。下面这个故事,也许更能说明这个道理:

陈阿土是乡下的农民,从来没有出过远门。攒了半辈子的钱,终于参加一个旅游团。

外面的一切都是非常新鲜的,关键是,陈阿土参加的是豪华团,一个人住一个标准间。这让他新奇不已。

早晨,服务生来敲门送早餐时大声说道:"Good Morning, Sir!"

陈阿土愣住了。这是什么意思呢？在自己的家乡，一般陌生的人见面都会问："您贵姓？"

于是陈阿土大声叫道："我叫陈阿土！"

如是这般，连着三天，都是那个服务生来敲门，每天都大声说："Good Morning, Sir!"而陈阿土亦大声回道："我叫陈阿土！"

但他非常生气。这个服务生也太笨了，天天问自己叫什么，告诉他又记不住，很烦的。终于他忍不住去问导游，"Good Morning, Sir!"是什么意思，导游告诉了他。天啊，真是丢脸死了！

陈阿土反复练习"Good Morning, Sir!"这个词，以便能体面地应对服务生。

又一天的早晨，服务生照常来敲门，门一开陈阿土就大声叫道："Good Morning, Sir!"

与此同时，服务生叫的是："我是陈阿土！"

表面上看，这个误会是语言不通造成的，实际上，这是角色变更造成的。陈阿土由农民转换成了游客，环境也随之发生了变化，而他的角色心态没有变化，特别是角色心理准备不足，与服务生之间预先缺少沟通，又缺少角色任务的学习，才有了这一令人捧腹的误会。

健康护照

青少年在小学、初中、高中、大学等不同的学习阶段，经常要发生学习任务变化、身份变动、角色变更的情况，如从普通学生到学生干部，从学习困难生到成绩优秀生，从行为习惯后进生到三好学生，从被关怀保护的未成年人到服务社会的青年志愿者，从依赖父母的消费者到自食其力的劳动者等等。角色不同，任务就不同；任务不同，要求就不同；要求不同，期望也不同；期望不同，结果也不同。这些由角色变更引发的种种不同，必然对青少年的心理产生某些影响，表现出种种不适应。不仅青少年，任何人都无法回避角色转换的心理适应问题，这里我们仅就青少年适应新角色提出如下建议：

1.适应新角色要通过角色学习逐步实现

任何一个角色,都有与之对应的角色要求和学习内容,涉及行为规范、权利和义务、态度和情感、规则和技能等多方面的内容,角色的学习就是个体了解和掌握这些内容的过程,是一种社会学习。

角色的学习主要从两个方面进行:

(1)在特定的社会规范下学习。每一种角色都有特定的社会规范,即我们常说的某个身份的责任和义务。我们强调在特定的社会规范下学习,主要指学习角色的责任与义务。例如,一个学习成绩优秀的学生当了学习委员或做了学生会的学习部长,他必须在老师和同学们的帮助下学习并理解与其所担任的职务相关的规定和职责,懂得自己应该怎样做才能圆满完成所任职务规定的各项工作任务。

(2)在与他人交互作用中学习。主要是学习、模仿角色的态度与情绪反应等。如一个学生在初中升入高中后做了新班级的学习委员,还要学习如何关心和热爱班里的每一个同学,特别是关心帮助学习困难生,做他们的朋友,并不断体验他人对自己当学习委员的反映,从而巩固被肯定的行为方式和态度,改变被否定的行为方式与态度,使自己的所作所为更加符合学习委员这一角色要求。

2.适应新角色要营建最大化的角色期望

对新角色的期望程度,决定了青少年角色变换的心理适应情况。这种期望,既包含自身的期望,也包含环境的期望。自身的期望指个体自己对角色的主观期望,环境的期望指个体之外的客体对角色的期望。一般对角色的心理适应与对角色的期望程度成正比,即对角色的期望值越大,对个体适应角色的影响就越大;反之,则影响也越小。也就是说,对角色的期望可以促进个体快速适应、胜任新角色,也可以减缓、阻碍个体适应、胜任新角色。因此,在角色变换时,个体应该明确自己的期望,更应该积极理解别人的期望,多用语言、表情或行动来回应别人真诚的信任和热情的鼓励,以增强自己适应新角色的信心。

3.适应新角色要明晓角色转换前的要求

角色转换的心理适应,指的是在角色任务中,个体能够适应角色要求,保持思想稳定,充分发挥自身的积极性,及时圆满地完成目标任务。其作用是不可小觑的。因此在角色转换前,要注意以下要求:

(1)要防止盲目行动。一般来说,任何个人在行动前都有一个对行动目标的理解过程,即弄清楚为什么行动以及行动的意义,以防止行动的盲目性。通常,个体对组织行为和目标的理解及重视程度越高,其实现目标的行动结果就越好,反之则效果越差。因此,青少年应主动把组织行为和目标看成是自己的需要和动机,使两者的联系越紧密越好,以增强参与意识,从而把完成目标任务看成自己的责任。只有在角色转换前有了这样的思想准备,才能在角色转换后,主动克服各种困难,自觉想办法解决角色任务中的适应问题。总之,防止盲目行动,前提是在思想意识上应主动而非被动,特别是在组织目标与自己的动机结合上不能犹豫,以实现角色的心理适应。

(2)要预先做好准备。古人云:"预则立,不预则废。"做任何事情都应先了解情况,特别是面对新任务,哪些是有利因素,哪些是不利因素,弄清了就心中有数,有利于增强信心,进而缩短适应的时间。通常,个体的心理准备越充分,其实现角色适应的效果就越好,反之则越差。因此,既要弄清新任务的目的和意义,又要弄清其中的利弊因素,未雨绸缪,防患于未然,以积极乐观的心态面对新角色,以饱满的信心完成目标任务。

四、学业中止的心理适应

故事引路

祖父用纸给孙子做了一条长龙。

长龙腹腔的空隙只能容纳几只蝗虫,投放进去,它们都在里面死了,无一幸免!

祖父说:"蝗虫性子太躁,除了挣扎,它们没想过用嘴巴去咬破长龙,也不知道一直向前可以从另一端爬出来。因而,尽管它有铁钳般的嘴壳和锯齿一般的大腿,也无济于事。"当祖父把几只同样大小的青虫从龙头放进去,然后关上龙头,奇迹出现了:仅仅几分钟,小青虫们就一一从龙尾爬了出来。

心理按摩

蝗虫的命运之所以悲惨,是因为它们从没有想过要用嘴巴去咬破阴影,更没有想过可以从另一端爬出长龙。智慧藏匿在我们的思想里,不去思想,智慧就不会为我们服务。

小青虫的成功告诉我们,人与人之间原本没有多大差别,是思想和耐心的缺失使有些人迷失了方向,陷入人生的阴影里不能自拔。

人生要经常面对无数来自外部的打击,但这些打击究竟会对你产生怎样的影响,最终决定权在你手中。

健康护照

1. 中止学业前的心理表现

中止校园学习生活,告别学生时代,是人生无法回避的一次重大角色变换。在我国,除极少数经济欠发达地区的困难家庭的青少年因辍学提前步入社会之外,大多数青少年还是能够在完成九年义务教育之后,又经过高中(包括职业高中、中等专业学校)阶段的学习,再选择步入社会或继续接受高等教育。无论是哪一种情况,告别校园或中止学生身份的事情或早或晚都会发生。此时的青少年心情十分复杂,主要有如下几种心理表现:

(1)失落心理。失落的原因自然是个人愿望没能实现,即理想与现实的差距过大,自己无法接受。临近毕业,对自己熟悉的校园生活作一番回顾和总结,这是人之常情。有些青少年认为自己的愿望没能实现,或结果与个人的理想有一定的距离,心里有些不平衡,这实属正常情况。但如果这种不平衡的心理得不到有效抑制,转化成为心理疾患问题,就是得不偿失的了。例如学习成绩优良的学生想获得推荐或保送名额而没能如愿,想继续求学深造的学生因成绩偏低而名落孙山,想到部队服役的学生因行为习惯较差而被拒绝,想找份好工作却被别人捷足先登,凡此种种,各式各样的忧愁和烦恼萦绕在心头,于是有人对学校产生了怨气,有人对老师产生了不满,有人对同学产生了嫉妒,有人对前途感到了迷茫……总之一句话,种种失落使人陷入无法自拔的境地,妨碍了对得失与自我价值的正确评判,甚至导致不良心理疾患,让自己的人生幸福受到影响。

(2)忧虑心理。对前途的忧虑人人有之,有谁在学业中止时不憧憬未来呢?然而有些青少年担心,经过十几年的学习生活,自己能否适应社会,能否适应复杂的人际关系,能否找到一个称心如意的工作,能否适应工作岗位的需要。凡此种种,忧虑与烦恼顿生。这种忧虑心理若不及时调适,可能发展为丧失自信心,严重的甚至会失去继续生活的勇气。东北林业大学一名学生在仅差17天就毕业的时候跳楼自杀,就是因为面对择业产生了惧怕心理,从而导致自信心和生活的勇气丧失,最终酿成了悲剧。

(3)留恋心理。有人说,留恋心理是幼儿时期形成的,人人皆有的。对于暂时中止校园学习生活的青少年而言,留恋校园实在是一种正常的情感。虽然校园学习生活相对单调,但人际关系毕竟比社会上相对单纯,与老师、同学相处简单而不复杂,且易于建立友谊,即使有些误会或者摩擦,也能够通过沟通尽释前嫌,留下难忘的回忆。可见,这种留恋是人之常情,也是一种高尚的情感。我们大多有过这样的心理感受,拥有的时候不觉得珍贵,一旦失去了就特别留恋。但如果沉湎于过去而不能自拔,就超出了依依不舍的自然情感的流露范畴,容易使人裹足不前,延缓对新环境的适应。近些年,有一些大学生宁肯"宅"在家中也不肯出去找工作,就折射出了这种心理的影响。

2.如何调适中止学业前的不适应心理

（1）要积极改善心境。任何人的任何一段人生经历都存在一个共性问题，那就是理想与现实的差距。如果一个人总是认为自己的某一段生活目标没能实现，因此而烦恼不断，那么此人的这种消极情绪有可能扩散成为一种心境，最终形成一种不适应心理。大凡心境不佳多与认知差距有直接关系，青少年中止学业前的不适应心理，多数缘于这种认知差距。具体说，就是眼界没有放开，看待自己的某段经历，只局限在某个视角上，导致一叶障目，看不清自己的长远发展趋势，只就眼前的得失而轻易得出结论。我们说，对事物的评价要客观。但"客观"的前提是什么，弄不清这一点，就无法做到真正意义上的"客观"。其实，心境左右着认知评价的结果，心境佳则对事物的评价客观，心境不佳则很难做到客观。人在成长中思想、能力等各方面的素质总有提高，不可能停滞不前，关键是如何认知，特别是出现认知差距时，要学会改善心境，保持心态平衡，尽量使自己保持冷静，以抑制烦恼情绪。理想与现实的差距为什么会很大，就因为目标确定的不切实际——有时我们会发现问题就那么简单，只要我们稍微进行一些调整，那些曾经干扰过我们的烦恼，自然就消除了。

（2）要懂得珍惜经历。人一生中最美好的青春时光大多应该是在校园里度过的，告别校园学习生活，就标志着自己开始向幼稚和单纯告别，走向更加成熟的人生历程。那么，在自己人生最美好的青春时光即将成为回忆的时候，给学校老师和同学留下个好印象，为自己的学生生涯画上一个圆满的句号，这就是懂得珍惜的表现。回忆总是温馨的，要保留这种温馨，就应该学会升华自己对校园生活的留恋心理，珍惜师生之间、同学之间的情谊，不计较过去的磕磕碰碰，不纠缠过去的恩恩怨怨。人生之路漫长，珍惜青春时光的经历，就是珍惜自己的荣誉，于己于人都有利。

（3）要勇于面对挫折。对于那些想要工作的青少年来说，有面对挫折的思想准备是十分必要的。须知，择业取决于观念，憧憬代替不了现实。有些人对未来的工作条件要求过高，对可能出现的困难却估计不足,这种一厢情愿的做法,常常伴随着强烈的挫败感。因此要学会正确评价自己,合理选择工作目标,坚信"天生我材必有用",树立在竞争中双向选择的观念。随着市场经济的发展,社会岗位越来越多样化,就业机会大大增加,只要根据自己的实际能力择业,总能找到适合自己的工作。

(4)要准备转换角色。青少年一旦进入社会工作岗位,社会上一般就会将其视为成年人,而不会再以传统意义上的青少年对待了。青少年在家庭中受到家长的溺爱,在学校受到师长的关爱,任性做事一般能够得到普遍谅解;但到了社会上,这种情况如果再发生,一般就会令人反感甚至不被谅解了。青少年要能够认识到,社会上的人际关系比家庭和学校复杂得多,在处理人际关系问题时要非常谨慎,特别是要熟悉社会生活环境,遵守社会生活规则,使自己尽快融入社会生活,成为一位受社会欢迎的人。

第三讲 青少年如何保持稳定的情绪

一、情绪的状态

故事引路

有一天,素有森林之王之称的狮子,来到了天神面前:"我很感谢您赐给我如此雄壮威武的体格、如此强大无比的力气,让我有足够的能力统治这整座森林。"

天神听了,微笑地问:"但是这不是你今天来找我的目的吧,看起来你似乎为了某事而困扰呢?"

狮子轻轻吼了一声,说:"天神真是了解我啊,我今天的确有事相求! 尽管我有强大无比的力量,但是每天鸡鸣的时候,我总是会被吓醒。神啊,祈求您,再赐给我一个力量,让我不再被鸡鸣声吓醒吧!"

天神笑道:"你去找大象吧,它会给你一个满意的答复的。"

狮子兴冲冲地跑到湖边找大象,还没见到大象,就听到了大象跺脚所发出的"砰砰"响声。

狮子加速跑向大象,却看到大象正气呼呼地直跺脚。

狮子问大象:"你干嘛发这么大的脾气?"

大象拼命摇晃着大耳朵,吼着:"有只讨厌的小蚊子,总想钻进我的耳朵里,害我都快痒死了。"

　　狮子离开了大象,心里暗自想着:"原来体型这么巨大的大象,还会怕那么瘦小的蚊子,那我还有什么好抱怨呢? 毕竟鸡鸣也不过一天一次,而蚊子却是无时无刻不骚扰着大象。这样想来,我可比他幸运多了。"

　　狮子一边走,一边回头看着仍在踩脚的大象,心想:"天神要我来看看大象的情况,应该就是想告诉我,谁都会遇上麻烦事,而他也无法帮助所有的人。既然如此,那我只好靠自己了! 反正以后只要鸡鸣时,我就当作鸡是在提醒我该起床了,如此一想,鸡鸣声对我还算是有益处呢?"

心理按摩

　　在人生的路上,无论我们走得多么顺利,但只要稍微遇上一些不顺利的事,就会习惯性地抱怨老天亏待我们,进而祈求老天赐给我们更多的力量,帮助我们渡过难关。但实际上老天是最公平的,就像它对狮子和大象一样,任何一个困境都有其存在的正面价值,关键是看我们以怎样的情绪去体验,以怎样的态度去面对。

　　情绪是个体对客观事物的态度,是从事某种活动的心理状态,是情感如何的体验,是需要获得满足与否的反映。人类的需要是多种多样的,既有物质需要又有精神需要,而客观事物能否满足人的需要,决定了人的情绪体验的结果截然不同:或积极或消极,如高兴、喜悦、满意,悲痛、愤怒、生气等。人的需要涉及到方方面面,因而也会产生出复杂多样的情绪。

　　我们只要始终保持稳定的情绪,就不会被任何障碍左右,甚至可以把它看作一个新的已知条件,使之成为一个超越自我的契机。

健康护照

心理学认为，人类最基本或原始的情绪形式有 4 种，即喜乐、愤怒、恐惧和悲哀。在这 4 种基本情绪形式的基础上，可以派生出不尽其数的情绪形态，如：满意、愉快、喜悦、快乐、大喜、狂喜；生气、气恼、愤怒、大怒、暴怒、狂怒；担心、害怕、惊慌、惧怕、恐惧、恐怖；失望、悲愁、悲哀、悲戚、悲伤、悲痛等。

情绪的形态虽然是多种多样的，但依据其发生的强度、持续性、紧张度，又可分为心境、激情和应激 3 种状态。这 3 种情绪状态对人的生活的影响都很大，应该引起我们高度重视。

1. 心境

所谓心境，指比较微弱、持久地影响人整个精神活动的情绪状态。心境具有弥散性的特点，而不是关于某种事物的特定体验，如高兴时看什么都喜欢，郁闷时看什么都厌烦。"感时花溅泪，恨别鸟惊心"就属于心境因素引起的。

引起心境的原因有多种。社会生活条件的变化是影响心境的根本原因，如家庭经济环境发生了大起大落的变化，家庭成员出现了变故等；时令季节气候的变化也是影响心境的原因之一，如"忽见陌头杨柳色，悔教夫婿觅封侯"就是季节的变化（春柳吐翠）引发的人生体验；另外工作事业（顺利与否）、人际关系（和谐与否）、健康状况（良好与否）、自然环境（适应与否）等，都是引起某种心境的原因。

能够使人精神振奋，有助于积极性发挥和学习、工作效率提高的，我们称之为积极心境；反之，则为消极心境。青少年必须学会调控自己的情绪，使自己拥有并保持一个有利于学习进步、健康成长的良好心境。

2. 激情

所谓激情，指一种强烈的激动的情感，是短暂的、有爆发性的情绪状态。兴奋、狂喜、暴怒、恐惧、绝望等都属于这种情绪状态。激情产生的原因有多种，如个体的自我悦纳、客观的强烈反映、目标的激励作用等。激情有积极和消极之分。积极的激情通常与理智、坚强的意志相联系，对个体发挥激励作用。特别是面对困难的时候，有了激情，就有了积极的进取态度，就能理智地分析困难存在的原因，以坚强的意志克服困难。例如，目标的激励作用使一名想升入名校的学生充满激情，激励其攻克学习中的各种难关，废寝忘食地完成学习任务。消极的激情对机体的活动具有抑制作用，使人的自制力下降。如惊恐时目瞪口呆，绝望时丧失勇气，愤怒时行为冲动，甚至在暴怒时无视法律毁物伤人。人们常说的"愤怒时的智力水平最低"，强调的就是消极激情的抑制作用。

青少年要学会调整激情状态，抑制消极激情，体验积极激情，使自己保持一种积极进取的状态，健康成长。

3.应激

所谓应激，是个体对刺激产生的反应，是一种由刺激引起的高度紧张的情绪状态。出现应激的原因是多方面的，主要是个体在没有预见的前提下形成的刺激。也就是说，应激源（引起应激的刺激）出现的条件必须是个体主观上的意外。在遇到意外的紧急情况时，人们均可能出现应激状态，但是不同的个体应付应激的方式会不同。这种不同虽然与应激源的性质和强度有关，但主要取决于个体当时的心理状态以及经历、遗传和学习训练等因素。例如，应激源相同，有的人会急中生智，冷静果断地采取措施；有的人则可能呆若木鸡，不知所措。

应激状态反映了一个人的心理健康水平。在应激源的刺激下，心理状态良好的人对应激源的反作用力较强，也就是我们常说的抵抗力强，表现为泰然自若、急中生智、处变不惊等；反之则较弱，表现为目瞪口呆、束手无策、万念俱灰等。特别需要提醒的是，无论个体的心理状态如何，任何个体都不能长期处于应激状态，因为应激状态的延续能击溃一个人的生物防线[①]，导致人的抵抗力降低，以致死亡。

---

① 　生物防线：指生物化学机制。就应激而言，指机体的适应能力。

青少年要有意识地接受一些心理状态的适应训练,以减少应激源的刺激过强而造成的伤害。

二、情绪的生理和心理意义

故事引路

一个寂寞的人看到了一个推销电话的广告,"有了电话,朋友就会来!"于是,他装了一部电话,希望朋友跟着来。白天他卖力地工作,回家之后就整晚歇斯底里地盯着电话机,心想,他错过了不少电话。他仍然寂寞,开始为可能漏接的电话而疯狂!一天,他从信箱里抓出了一张推销录音机的广告,"有了录音机,朋友来电就不会漏接!"录音机装了一个星期后,他就把它退了,空空的录音机,使房间显得更加寂寞。

心理按摩

故事中的人为什么会寂寞?因为情绪主宰了他的身心,电话也好,录音机也罢,都只是他过度的情绪反应的一种载体,根源问题不解决,他的寂寞问题永远难以解决。

朋友就是朋友,友情就是友情,任何物质的拥有都无法解决这一问题。情感是任何物质都无法替代的,只有付出你的真诚,才能收获你希望的友情。"敬人者,人恒敬之;爱人者,人恒爱之"说的就是这个道理。

当你主动付出关怀与热情、主动帮助别人的时候,就是你拥有朋友拥有友谊的时候。

健康护照

情绪对人的身心健康的作用是直接的,即情绪主宰人的健康并左右人的认知和行为。这是被现代生理医学和心理医学共同证明了的研究结论。

1. 情绪左右身心健康

良好的情绪能促进身心健康,这是毋庸讳言的。但不良情绪危害身心健康,至今仍没能引起青少年的足够重视。

不良情绪主要指两种:一是反应过度的情绪(指个体的情绪反应过分强烈,超过了一定的限度,如喜极而泣、怒火中烧、悲痛欲绝、恐慌不已等),二是持久的消极情绪(指在引起消极情绪的因素消失后,个体仍然较长时间不能从消极情绪的状态中解脱出来,如抑郁寡欢、萎靡不振等)。

(1)不良情绪严重损害人的心理健康。研究表明,过度的消极情绪和长期消极情绪都是引发心理问题和心理疾病的祸根。在正常情况下,人的大脑皮层的兴奋与抑制处于一定的平衡点上,但在过度的情绪冲击下,人的大脑皮层的高级心智活动可能会被抑制。这种非常情况一旦出现,大脑皮层的兴奋和抑制之间的平衡就会被打破,使人的意识范围受限变窄,智力活动不能正常开展,自我控制能力被弱化,甚至有可能导致精神错乱、神志不清、行为失常。而持久性的消极情绪不仅使人脑的高级心智活动被抑制,而且会使人的大脑机能严重失调,从而导致各种神经症和精神病,例如焦虑症、抑郁症、强迫症、神经衰弱等。

(2)不良情绪严重损害人的生理健康。我国中医理论向来强调,情绪反应超过了一定的限度会影响生理健康:喜伤心、怒伤肝、忧伤肺、思伤脾、恐伤肾。现代医学已经证明,强烈或长久的消极情绪会造成心血管机能紊乱和消化、内分泌、免疫等系统功能紊乱,引起心律不齐、心绞痛、高血压、冠心病、脑栓塞、心肌梗塞、胃溃疡、肌肉痉挛或疼痛、月经不调或闭经、糖尿病、风湿病、癌症等疾病,严重者可危及生命。

2.情绪左右认知行为

如果问一问那些高考取得高分的考生,他们成功的秘诀是什么,人人都可能告诉你一点:保持良好情绪。他们所指的保持良好情绪,其实就是指适度的情绪兴奋。为什么呢?研究发现,适度的情绪兴奋会使人的身心处于最佳的活动状态,从而提高活动效率。无数事实证明,良好的情绪能使人增强信心,促进思维,提高效率,极大地发挥创造性;反之,则使人缺乏信心,阻滞思维,降低效率,难以发挥创造性。高考状元们成功的关键,是他们在学习中保持了一种持久而炽热的情绪,进而激发了无限的能量去完成学习任务。

(1)情绪影响知觉活动。人对事物的认知水平,可以影响人对事物的知觉选择;而知觉选择一旦被打上目的性烙印,就会彰显情绪对人的影响。情绪和情感驱动着人向自己喜欢的事物靠近,生活中人人都有过这样的经历。例如,学习中的偏科现象为什么比较普遍,一句话就可指出原因,即个体喜欢的学科投入的注意资源(如时间、精力等)多,而其不喜欢的学科投入的注意资源少。再如,有的学生不喜欢某一任课教师,就厌恶该教师所教的课程,结果自然是学习这门课程的效果极差。可见人的认知水平、认知选择和行为驱动无疑都受到了情绪的明显影响。

(2)情绪调控行为状态。这里所说的行为状态,指行为受到了激励还是干扰、推动还是阻碍。实践证明,情绪对行为状态的调控,直接影响的是行为的效率和结果。例如,厌学情绪使个体无法全身心地投入学习,学习效果自然不佳。再如,某学生喜欢某老师,其就会向该老师传递好感,而其获得的反馈信息自然也与其传递的好感对应。由此可见,情绪对人的行为状态、行为效率和行为结果都发挥着重要的调控作用。

三、影响情绪变化的因素

故事引路

有位年轻人,想发财想得发疯。一天,他得知深山里有位白发老人,若有缘与他相见,则有求必应,且不会空手而归。于是他便连夜收拾行李,赶上山去。

他苦等了5天,终于见到了那位传说中的老人,便恳求老人恩赐于他。老人说:"每天清晨,太阳未东升时,你到海边的沙滩上寻找一粒'心愿石'。其他石头是冷的,而那颗'心愿石'与众不同,握在手里,你会感到很温暖而且会发光。一旦你寻到那颗'心愿石',你所祈愿的东西就可以实现了!"

于是,每天清晨,那位青年人便在海滩上捡石头,发觉不温暖又不发光的,他便丢下海去。日复一日,那位青年在沙滩上寻找了大半年,却始终也没有找到温暖发光的"心愿石"。

有一天,他仍然像往常一样在沙滩上捡石头,手中的石头仍然一粒接一粒地被他丢下海去……突然,青年人大哭起来,因为他猛然意识到:刚才他习惯性地扔出去的那块石头是"温暖"的。

心理按摩

寻找"心愿石"的青年,两手空空的原因,是其情绪的变化。瞧,想发财想得发疯,他便把希望寄托在有求必应的山中老人身上,老人的指点,又使他将希望寄托在"心愿石"上,长期的"寻找"又使他的情绪极不稳定。说到底,他是在被动地等待"心愿石"的出现。从心理学的角度讲,他的这种情绪变化与其对事物的认识、自身的气质类型和环境的刺激等因素有关。

罗丹[1]说:"不是生活中缺少美,而是我们缺少发现美的眼睛。"我们都知道,好运不会平白地光顾任何人,只有时刻留意你身边的事情,才能从中发现"美"。

有些人习惯等待"机会"降临到自己头上,这是一种守株待兔的想法。"机会"不会平白无故地光顾某些人,被动地等待,就等于坐失良机。如果我们注意到腊梅的开放,我们就该明白一个道理:腊梅并没有被动地等待冬天的来临,而是集聚了春夏秋三季的能量,在冰雪中一展自己孤傲的风姿。

机会永远属于有准备的人,否则就不会有那样多的人慨叹曾经坐失良机了。也许你会遇到一个意外的机会,像那个偶然遇到一只兔子撞毙树下的农人,但你要知道,除了那只兔子,上天没再光顾过那个农人,你又何必像他那样愚蠢地等待下去呢。

终其一生等待机会,不如有准备地寻找和创造机会。

健康护照

影响和制约情绪变化的因素很多,认识评价、气质类型和环境刺激是常见的因素。

1. 认识评价因素

认识评价因素亦称认知因素。认知在情绪体验中是一个非常重要的因素,因为如果情境相同,而做出的认识评价不同,产生的情绪体验就会不同。例如,两个同时参加学生会主席竞选的学生,结果都没能如愿,对他们来说的确是一件不顺心的事。但是,甲学生把这件

---

① 罗丹:奥古斯特·罗丹(1840—1917),法国著名雕塑家,代表作品《思想者》等,被誉为欧洲雕塑"三大支柱"之一,有《艺术论》传世。

事当作是对自己的考验（做出良好的认识评价），从而产生积极的情绪体验，并努力在自己身上找不足，改进自己的工作方法，热心帮助同学，对学生会的工作投入了更大的热情。而乙学生则认为自己很倒霉（做出不好的认识评价），从而产生消极的情绪体验，抱怨老师对自己不公平、同学看不起自己，对同学和学生会的工作都失去了热情。由此不难看出，一件事情到底是好还是坏，就看人们如何认识它、评价它。选择不同，结果必然不同。

2.气质类型因素

气质是个体所具有的典型的个性特点和稳定的心理特点，是高级神经活动在行动上的表现，如活泼、直爽、沉静、浮躁等。现代心理学认为，气质对人的情绪的影响，主要表现在情绪体验的强弱、快慢上，表现在隐显动作敏感或迟钝方面。以此为依据，心理学家把人的气质类型划分为 4 种，并归纳出了不同气质的人的不同情绪表现特点。

（1）胆汁质。也叫不可遏制型。这种气质类型的人情绪兴奋性高，感情强烈，易于激昂，脾气急躁，情绪体验的波动性比较大。

（2）多血质。也叫活泼型。这种气质类型的人情感丰富，反应灵敏、灵活，待人接物乐观热情，情绪易变，在面临各种应激情境时具有很强的自我调节能力。

（3）粘液质。也叫安静型。这种气质类型的人情绪兴奋性低，对外界反应慢，情感不外露，遇事冷静，情绪不会大起大落，有时表现得压抑，但有很强的自我调节能力。

（4）抑郁质。也叫弱型。这种气质类型的人对外界刺激反应不强烈（即反应较慢），情绪低落（压抑），感情脆弱，内心深层情感体验强烈，经不起挫折的打击，容易表现出神经官能症的症状。

气质对情绪的影响虽然不可小觑，但也不是不可改变的。任何事物都具有一定的可逆性，就青少年的个性而言，其可逆性相对较大。因为青少年个体的个性是可以塑造的，所以任何一名青少年只要注重在现实生活中加强修炼，把对生活的体验与塑造自己的个性统一起来，充分发挥自身气质的积极方面，克服消极方面，不断完善自己,都可以增强对情绪的调控能力。

3. 环境刺激因素

人受环境的刺激,会出现与环境的氛围相一致的情绪形态。譬如,灰蒙蒙的天空会使人感到压抑郁闷,而蓝盈盈的天空会使人感到清爽舒畅;拥挤的人群会使人感到紧张烦躁,而秩序井然的交通会使人感到安全放松;荒山秃岭会使人感到一片凄凉,而青山绿水则会使人感到轻松愉快;整洁的校园会使人感到优雅清新,而嘈杂的课堂会使人感到烦躁不安。因此,环境因素是影响人的情绪的重要因素之一,是不可忽视的。

需要提醒的是,环境因素对人情绪的影响之大,有时是难以自知的,因为环境因素与认知因素一旦结合,人是难以从其促成的情绪中自拔的。"守株待兔"的农人就是典型。

四、不良情绪的调适

故事引路

有一个人在森林中漫游的时候,突然遇见了一只饥饿的老虎,老虎向他猛扑上来。他用最大的力气和最快的速度逃开,但是老虎紧追不舍。他被老虎逼到了断崖边上。站在悬崖边上,他想:"与其被老虎活活咬死,还不如跳下悬崖,说不定还有一线生机。"他纵身跳下悬崖,非常幸运地卡在一棵树上。那是一棵长在断崖边的梅树,树上结满了梅子。

正在庆幸,他听到断崖深处传来吼声,原来崖底有一只凶猛的狮子正抬头望着他。狮子的声音使他心颤,而更不妙的是,他转头看见一黑一白两只老鼠,正用力地咬着梅树的树干。

他经过一阵惊慌,很快又平静了:"被老鼠咬断树干跌死,总比被狮子咬好吧?"

于是,他索性将身边的危险置之度外,看到梅子长得正好,就采了一些吃起来。他觉得一辈子从没吃过那么好吃的梅子。

他心想:"既然迟早都要死,不如在死前好好睡上一觉吧!"

他为自己找到一个三角形的枝桠,在树上沉沉地睡去。

一觉醒来,他发现黑白老鼠不见了,老虎、狮子也不见了。

他顺着树枝,小心翼翼地攀上悬崖,终于脱离险境。

原来,在他睡熟的时候,饥饿的老虎按捺不住,跃下悬崖。黑白老鼠听到老虎的吼声,惊慌逃走了。跳下悬崖的老虎与崖下的狮子经过激烈打斗,双双负伤而遁。

心理按摩

情绪人人都有,面对危险产生恐惧心理是正常的,但我们不能因恐惧而失去信心,失去希望。因为负性情绪一旦占据上风,我们就有可能被自己的情绪击垮。

有时候,我们不妨学学故事中的"他",尴尬面前索性不在乎。人一旦不受情绪左右,出现转机便在情理之中了。

下面这个故事,也许对我们更有启发。

A对B说:我要离开这个公司。我恨这个公司!

B建议道:我举双手赞成你报复! 破公司,一定要给它点颜色看看。不过你现在离开,还不是最好的时机。

A问:为什么?

B说:如果你现在走,公司的损失并不大。你应该趁在公司的机会,拼命去为自己拉一些客户,成为公司独当一面的人物,然后带着这些客户突然离开公司,公司才会受到重大损失,非常被动。

A觉得B说得非常在理。于是努力工作,事遂所愿,半年多的努力之后,他有了许多的忠实客户。

再见面时,B对A说:现在是时机了,要跳赶快行动哦!

A淡然笑道:老总跟我长谈过,准备升我做总经理助理,我暂时没有离开的打算了。

其实这也正是B的初衷。一个人的情绪是可以调节的,只有充分认识到这一点,才会给自己或他人创造更多的机会。

健康护照

1.青少年常见的不良情绪

（1）烦恼

烦恼是青少年最为常见的负面情绪。主要表现为:陡生孤独寂寞之心,常常出现不明原因的烦躁,无以名状的感觉增多;不知应以何种姿态出现于公众面前,犹疑心态增多;与父母的关系出现裂痕,难以化解的矛盾增多;与同伴交往不知如何确立或保持自己的地位,误会和尴尬增多;对自己的学习成绩及前途担忧,信心缺失现象增多等等。

生理和心理变化是青少年烦恼增多的直接原因。正处于青春发育期的青少年,生理的急剧变化,尤其是性意识的萌发,往往使他们产生莫名其妙的烦躁与不安。舆论和道德的约束与生理需要的矛盾,经常困扰着他们,许多欲望不得不受到压抑。青春期又是自我意识发展的高涨时期,青少年十分关注自我,包括自身的长相、能力水平、人际关系等等,任何一个与自己相关的方面出了问题,都会引发烦恼。除此之外,考试、升学与就业的压力也使青少年处于极度的矛盾当中,因此烦恼不断,很难摆脱。

（2）孤独

孤独是一种感到与世隔绝、孤单寂寞的情绪体验,一般称为孤独感,又称闭锁心理。孤独情绪多见于性格内向的青少年,主要表现为不愿意与他人接触,对周围的人常有厌烦、鄙视或戒备的心理。具有这种心理的人猜疑心较强,容易神经过敏,办事喜欢独来独往,有时还常为孤独和空虚所困扰。孤独情绪严重者会产生挫折感、寂寞感和狂躁感,甚至会产生厌世轻生的心理及行为。

青少年产生孤独感的主要原因有两个方面:独立意识的增长和自我意识的发展。由于独立意识的增长,青少年不愿接受他人意见,不愿意与他人平等、开诚布公地交流,从而产生孤独感;由于自我意识的发展,青少年的自尊心逐渐增强,个人隐私的范围逐渐扩大,担心被人耻笑的方面增多,于是便在心中小心地筑起一道樊篱,锁闭自己内心的秘密。独立意识是一种向外的力量,自我意识是一种向内的力量,它们与青少年生理、社会性发展的不平衡相互作用,导致了青少年特有的闭锁心理,并因此而产生孤独感。此外,有些青少年可能因为年幼时遭受过挫折和创伤,如有的青少年家庭解体,得不到家庭的温暖,也会形成孤独心理;有的青少年在人际交往方面遭遇挫折,也会形成孤独心理。

(3)抑郁

抑郁是一种郁结在心中的怨愤不能诉说而过度忧愁伤感的情绪体验。抑郁作为一种心理状态,在青少年中普遍存在,一般归于正常情绪范围。抑郁具有情绪持续低落,心境悲观,对人对事缺乏热情,回避与他人交往等特点。抑郁情绪发展到严重程度又能转化为病态情绪,表现为敏感,易受激惹;执拗,易发脾气;内心空虚孤独、郁郁寡欢,易啜泣;对周围事物缺乏兴趣,易失望;自我评价低,易自责;动作迟缓、乏力,易受困扰。

抑郁产生的原因是多方面的,其中个体的需求得不到满足是主要原因。随着年龄的增长,青少年产生了多方面的需求,既包括生理方面的,又包括心理方面的。但是,许多需求不能得到满足。例如,有的是愿望本身不切实际,有的是社会偏见形成的阻力,有的是父母的限制,有的是人际关系不适应,有的是自身经验不足,有的是能力尚不能及,有的是学业或工作压力过大,有的是竞争失利等等。无论是哪种原因,都可能造成对青少年自尊心的打击。青少年普遍有争强好胜的冲动,又难以承受打击。在这种矛盾的情形下,个体的心境一旦处于压抑状态,自然导致情绪低落、心境悲观、兴趣缺乏。

判断一个人的抑郁情绪是正常的还是异常的,通常难以找到泾渭分明的标准。一般来说，如果处于抑郁状态却能够对自身的处境做出恰当的分析，能够控制与调节自身的行为使之符合社会常规，就属于正常的抑郁情绪。换言之，个体虽有抑郁体验，但无异常行为，且自信、自尊无缺失，就属于正常的抑郁情绪；如果个体的抑郁体验干扰了其对情境的如实判断，而行为明显偏离了社会常规，且自信、自尊缺失，就属于异常的抑郁情绪。如过度的压力使情绪低落，对身边的一切不感兴趣甚至绝望，轻者不能完成学业或胜任正常的工作，重者产生自杀企图或其他极端意念和行为。深圳富士康科技集团在短短的几年里连续发生员工跳楼事件，至2010年5月的"12跳"，已经造成10死2伤的悲剧。这些"坠楼"者多数是刚走入社会的年轻人，其中不乏大学毕业生，他们选择"坠楼"的原因，多为工作压力太大和人际关系冷漠。可见，异常的抑郁情绪的危害性之大。通常个体的抑郁情绪低落到严重影响心理功能和社会功能的正常发挥（主要表现为兴趣减退或丧失，对前途悲观，无助感强烈，精神疲惫，自我评价下降，丧失生活信念等），且持续时间较长，就可考虑作为一种病态情绪对待，应向心理医生或专家求助。

（4）焦虑

焦虑是一种以害怕为内心体验的情绪状态，具有紧张、烦躁不安、心神不宁、担心、忧虑等特征，如提心吊胆、忐忑不安，甚至极端惊恐或恐怖。严重的焦虑症状可能伴有身体不适感的植物神经功能障碍，如出汗、口干、嗓子发堵、脉搏加快、血压升高、胸闷气短、呼吸困难、头痛、心悸、无力、四肢震颤、烦躁、坐卧不宁等。

焦虑也被称作预感性恐惧，但与恐惧不是一回事。两者的区别点在于，导致焦虑和恐惧的客体不同，即引发焦虑或恐惧的因素不同。恐惧引发的因素是危险，且这种危险是显性的，当事者清楚地知道恐惧的对象和情境；而焦虑引发的因素是威胁，且这种威胁是隐性的，当事者对这种威胁只有朦胧的预感，但无法明确面临的潜在性威胁的对象和情境，因为这种威胁是潜在性的，最终出现与否是不确定的。例如，高考前考生焦急的等待状态，可能产生焦虑情绪；而山洪暴发，洪水包围了校园，等待救援的学生随时可有生命危险，会对洪水构成的直接威胁产生恐惧。

同样是焦虑,个体不同,焦虑的程度会有所差异。例如,焦虑的对象相同,但个体与个体的焦虑程度也会有明显差异,这是因为不同的个体对情境的主观评价不同,意志品质、人格特征、既往经验以及对未来结果的估计也不同。

青少年的焦虑情绪往往产生在学习压力、升学择校、人际沟通等现实问题上。主要有两种:一种是分离性焦虑,多见于小学阶段的青少年,主要表现为不愿上学,不愿离开家长,担心家长出意外,担心自己走失或被拐走;另外一种是考试性焦虑,多见于中学阶段的青少年,主要表现为对自己的能力缺乏自信,担心学习成绩,害怕考试等。青少年焦虑情绪产生的原因有多种:有的属于心理素质不良,一般有一定的性格缺陷基础,如胆小、懦弱、敏感、害羞、依赖、自尊心强、较为内向等;有的属于成长环境不佳,如家长过分溺爱孩子,使孩子形成对家长的依赖心理,导致分离性焦虑;有的属于教育方法不当,如对学生要求过于严厉,缺少关心,或者期望值过高,关心备至;有的属于生存压力过大,如针对中考、高考的升学或考试焦虑,针对竞赛、考评的评价焦虑,针对学业、工作的竞争焦虑等。

焦虑过度或持续时间长久,对人的认知能力的影响较大。无论什么情绪,适度是关键,孔子曾说"过犹不及",过度就妨碍人们对客观事物的认识和考察,过度并持久的焦虑则会导致人的认知体系崩溃,无法面对客观上的一切挑战而做出理性的判断和决定。

焦虑情绪并非一无是处,适度的焦虑就对适应环境有促进作用。适应环境需要较高的警觉水平,因为警觉水平高的人对付应激的反应快速,且有紧迫感。适度的焦虑恰恰容易使人产生这种紧迫感,能为实现预期目的而采取合适的方式。如考试前适度的焦虑可促使我们对考试重视,激励我们做好一切考前准备,为赢取考试增强信心。

(5)愤怒

愤怒是一种以不满为内心体验的情绪状态,是在主观愿望与客观需要矛盾状态下习惯使用的一种情绪反应方式。这种反应是某种抵抗意向和不满态度的表达,如冲动、急躁、发脾气等。愤怒情绪主要表现为个体的自我控制能力差,为一点小事大哭、大喊,甚至摔东西或袭击别人。例如,有些青少年情绪非常容易被激惹,常因一点需要不能满足或遭遇小小的挫折就大动干戈,难以控制情绪,甚至打人毁物。

青少年愤怒情绪产生的原因,从主观方面讲,可能与个性特点有关,如胆汁质类型的人好冲动,遇事容易动肝火;有的青少年自我修养很差,自我控制能力不强,遇事不冷静,容易发火。从客观方面讲,与家庭教育或学校教育有关,如,家长过分娇宠孩子,事事给予满足,一旦不能满足要求,则导致其情绪异常;教师不能平等与学生沟通,教育方法失当,也会导致学生情绪激动。

无数事实证明,无论出于何种原因,愤怒对于事态的平息毫无益处,却对主客体都构成较为严重的伤害。

愤怒危害身体健康。心理生理学研究表明,愤怒首先危害的是情绪发生的主体,即伤害的是愤怒者自身的身体。盛怒之下,个体的生理平衡被打破,身体处于异常应激状态,神经等系统高度紧张,如心血管系统在愤怒时会出现如下反应:心跳加快、血管扩张、心律紊乱,甚至心脏停搏或猝死。有人把愤怒与环境污染并称为危害人类健康的两大杀手,足见愤怒情绪对人类身体健康的危害之大。

愤怒破坏心理平衡。一般生理上的平衡一旦被打破,心理上的平衡就很难维持。愤怒本身就属于情绪因素,对人心理的影响自然是不言而喻的。当个体被愤怒的情绪控制时,其认识范围就会受限缩窄,理智减弱,思维受阻,心理平衡无法维系。

愤怒导致行为失控。应该说,当心理平衡被击垮后,人的大脑皮层对行为的控制能力会随之减弱。在愤怒情绪控制下,个体常常会出现损物伤人等过激行为,甚至因一时冲动,行为失控而犯罪。因此,愤怒常常是使人事后懊悔的原因。

愤怒造成人际紧张。愤怒的动机可能只是要传达一种不满的意向,但在传达这种意向的同时,也向对方传达了不尊重对方的相关信息,因此愤怒是造成人际关系不和谐的罪魁祸首。人际关系和谐的前提是情感接近,而愤怒恰恰是对情感接近的背叛。

因此,21世纪的青少年要学会控制愤怒情绪,学会用理智、温婉的方式表达不满的意向,使自己成为一名不受消极情绪左右的、深受他人欢迎的人。

(6)恐惧

恐惧是企图摆脱、逃避某种情景而又苦于无能为力的情绪。青少年的恐惧心理,主要反映在学校恐惧和社会恐惧两个方面。前者主要表现为害怕上学,甚至利用各种理由逃学旷课,如果被强迫上学,就会引起明显的焦虑和惊恐等;后者主要表现为害怕人际交往,既渴望友谊,希望广交朋友,又在具体交往时产生恐惧心态,特别是在与陌生人打交道时,易出现恐惧反应,不敢讲话,神经处于一种紧张的状态。

青少年恐惧心理产生的原因有多种。主观因素主要是个性不良,客观因素主要与昔日直接创伤或经历挫折有关。一般来说,被动、害羞、依赖、胆小、多思多疑的学生,容易出现学校恐惧或社交恐惧。例如,初次离开家庭的孩子,或依赖父母或胆小不敢与外界接触,有可能惧怕上学与社交,凡此种种皆与个性有关。而昔日直接创伤导致的恐惧心理,则存在个体差异。一般存在个性缺陷的人在遇到客观打击时,更容易导致恐惧心理,例如同样是刚入学就受到老师的严厉批评的学生,有无个性缺陷则决定了他们形成的恐惧心理的差别,即有则重,无则轻。经历挫折导致的恐惧心理没有本质上的差别,如受到其他同学的欺负,产生了学校恐惧心理,或者在异性交往中遭遇挫折,产生了异性恐惧心理,这两种情况,只是导致恐惧心理的客观情景不同罢了。

作为一种心理反应,恐惧情绪的产生也存在正常和非正常之分。一般人在遇到危险情境时,都会有恐惧情绪出现,只要这种恐惧情绪是伴随危险的出现和解除而产生和消除的,即危险来临恐惧出现,危险解除恐惧也随之消除,那么这就属于正常的恐惧情绪。如果危险过后个体的恐惧情绪仍然难以消除,或个体对并不可怕的事物产生过分的恐惧,或自知这种恐惧没必要却难以自控,这就属于恐惧情绪障碍了。

2.不良情绪的调适策略

对不良情绪进行调适,于青少年来讲是一件非常重要的事。因为现实生活中,有一些青少年由于调适不当,使自己的不良情绪受到了单纯的压抑,进而形成了某些情绪障碍,对人格的形成有负面影响。如遇到悲伤的事,有些青少年就竭力加以掩饰,压抑到内心深处而不加以适度表达,最终形成了严重的心理问题,甚至有的演变成了难以治愈的心理障碍。

正处于身心发育期的青少年,更应该高度重视调试不良情绪。

(1)适时调整认识角度

前面我们提到,认识决定情绪。在现实生活中,人们的许多困扰,即产生的情绪,并不一定是由诱发事件直接引起的,而是由个体对于事件的不合理的认识和评价导致的。认识的合理与否,决定了所产生的情绪状态的截然不同,即合理的认识产生积极的情绪反应,不合理的认识产生消极的情绪反应。例如,同样是考试成绩不理想,甲乙两人的想法就大相径庭。甲认为是自身准备得不够充分,尽管也难过,但能从失落中快速恢复正常心态,调整复习策略,以迎接下一次考试;乙却想,我是应该成功的,连考试都考不过别人,我真是无能。因此,乙的情绪反应不仅仅是难受而且非常抑郁,甚至有可能一蹶不振。

调整认识角度包括调整对自己、对他人和对环境的习惯认识,以保持适宜的情绪状态。具体而言,一般的人对自己都有一个习惯性评价,且这种评价易显现极端性。例如,"我的能力一定要比别人强,否则将显示出我的无能!"这种认识上的极端性,导致了自我评价的绝对化。一个在认识上走极端的人,是难以保持适宜的情绪状态的。因为显而易见,没有人能够在每件事上都获得成功。调整对他人的认识也是如此。客观公正地认识和评价他人,对思想尚未成熟的青少年来说,是一件极不容易的事情。况且,不能正确认识自己的人,往往对别人的评价很在意,一旦得不到与自己的意愿相一致的认识或评价,则无法承受,产生负性情绪。无论是对自己还是对他人,不合理的认识都是导致情绪恶化的根源。现实是残酷的,由认识的偏差导致的悲剧并不少见。所以，只要个体持有绝对化要求，其在结局面前就容易产生情绪和行为上的问题。这也是无数事实证明了的。还有些青少年，不仅对自己、对他人的认识不合理，而且对环境的认识也缺少理性。例如，经常转校的青少年，多数对环境的评价不够满意，甚至认为自己学习成绩不够好的原因，就是环境不完美。苏步青先生，用他的经历告诉我们，不要试图通过改变环境而使自己变得完美，这样做只可能使人自我否定，陷入消极情绪的深渊。

（2）适时选择暗示方法

暗示方法有积极和消极之分。所谓积极的暗示方法，是指用能够影响心理的语言形式来进行情绪调节的具有正面激励作用的方法，一般分为自我暗示和他人暗示。心理学在运用自我暗示方法时，侧重于自主的情绪调适。暗示对人的情绪和行为都有奇妙的影响，因此选择积极的暗示方法，对缓解紧张情绪大有裨益。积极的自我暗示适用于自卑感较强，有焦虑、抑郁、怯懦和恐惧情绪的青少年。在学习成绩落后、竞争失败、生理上有缺陷或交往技巧缺乏等情况下，要使自己振作起来，进行有效的自我调整和改变，就需要用积极的心理暗示方法进行自我激励。如在心中经常默念"别人能行，我也一定能行""我能做好，我有信心""别人不怕，我也不怕""别人做不好，我也能做好"等，努力挖掘自己的长处或优点，以驱除焦虑、抑郁、怯懦和恐惧等不良情绪，恢复信心。

（3）适时进行合理宣泄

合理就是适度。宣泄就是舒散或吐露心中的积郁。人的情绪处于压抑状态时就应该加以宣泄，只不过宣泄的方式合理与否，对身心影响的结果大相径庭。合理的宣泄对人的机体平衡有良好的调节作用，特别有利于消极情绪的缓释和消解；而不合理的宣泄则会阻滞消极情绪的释解，严重的还会导致机体平衡的崩溃，对身心造成更大的伤害。比如遇到挫折和不顺心的事情，心情苦闷时，找一个无人处痛痛快快地哭一场，或者找亲朋好友倾诉一番，或者以写日记的方式倾诉不快，或者去心理咨询机构倾诉等等，这都属于合理的宣泄。那种不讲方式，不看对象，一有怒气就大动肝火，一有痛苦就大哭大诉，一有激情就蛮干一通的做法，就属于不合理的宣泄，不但于事无补，反而会带来新的或更大的烦恼。

（4）适时进行注意转移

注意即注意力，就是我们常说的关注点或兴奋点。一般个体出现不良情绪难以消弥的状态，基本上是其头脑中只有一个维系这一不良情绪的兴奋点。如果此时在其头脑中另建一个兴奋点，就可以冲淡或抵消原来的兴奋点，不良的情绪就可以逐渐平息。因此，适时地进行注意转移，有助于人的情绪的调整。当情绪不佳时，要及时提醒自己，摆脱这种情绪状态，可以选择外出散步、听音乐、玩游戏、看电影、打球下棋、找好朋友聊天等方式，以达到转移注意力的目的。一些自我调控能力比较弱的青少年，一定要强迫自己进行注意转移，防止钻入牛角尖现象出现，造成无法自我摆脱的痛苦局面。例如，一名学习成绩优秀的某校高三男生爱慕一名相貌姣好的同班女生，在遭到拒绝后觉得丢了面子，结果竟然放弃了学业，令人叹息不已。

以上策略只是对于青少年来讲比较常见和有效的部分，其他如调控期望值、升华自己的有益情感等，都对青少年不良情绪的调适有促进作用，由于本书的其他章节有相关阐述，这里就不一一赘述了。

需要指出的是，不良情绪的调适策略，单一运用还是综合运用，要视具体情况而定。青少年由于知识经验比较贫乏，生活阅历不够丰富，在情绪自我调节的策略方面显得单一甚至束手无策，这是正常的，不值得大惊小怪。因为人的成熟是随着成长而不断实现的。青少年作为情绪体验的主体，主观体验各种不良情绪的克服和消除的过程或者结果有差异，这是客观存在，不可因此而否定自己的努力。

总之，调适不良情绪的目的就是要保持适宜的情绪状态，包括调节情绪的紧张度，控制情绪发生的强度，引导情绪与情感发生的方向等，关键是加强意志对情绪的控制。例如人在挫折面前，应当以对事物的理性认识来控制个人的情绪，当忍不住要动怒时，要冷静地审察形势，检讨反省，考虑发怒的后果，寻找其他更为适当的解决方法。经过如此三思，就能够消除或减轻心理紧张状态，使情绪渐趋平静。也可以用转移注意的方法来达到目的，例如，过度的脑力劳动而引起的情绪紧张,可以通过文娱或体育活动甚至休息来调节神经活动过程,从而达到缓和、平衡情绪的目的。

五、健康情绪的培养

故事引路

一只新组装好的小钟放在了两只正在走动的钟表之间。小钟看看两只旧钟,它们不慌不忙"滴答"地走着。

一只旧钟对小钟说:"来吧,你也该工作了。可是我有点担心,你走完 3200 万次以后,恐怕吃不消了。"

"天哪,3200 万次!"小钟吃惊不已,"要我做这么大的事? 办不到,办不到。"

另一只旧钟说:"别听他胡说八道。不用害怕,你只要每秒'滴答'摆一下就行了。"

"天下哪有这样简单的事情?"小钟将信将疑,"如果这样,我就试试吧。"

小钟很轻松地每秒钟"滴答"摆一下,不知不觉一年过去了,它摆了 3200 万次。

心理按摩

人生需要成功,但成功不是非要一次性付出才能获得的。故事中的小钟起先把摆动 3200 万次看成遥不可及的事情,却不想只要坚持每秒钟摆动一下,就轻而易举地实现了梦想。有时不是我们离梦想太远,是我们太容易受他人情绪的影响。要知道,情绪是可以传播的,悲观者传递给我们的绝不是信心。我们时常怀疑自己的能力,就是因为我们轻信了他人说的"不可能"之类的话,根本没有想去努力或争取。是的,许多事情做起来很难,但如果我们不去做,成功就永远和我们没有关系。

我们应该时时提醒自己,不要受别人情绪的影响,要相信自己,保持健康的情绪。因为健康的情绪可保障我们高效完成学习或工作任务,取得优良的成绩,还与个人进步和家庭生活幸福息息相关。

健康护照

对青少年而言,健康情绪的培养不仅有益身心健康,更有益于发挥个人的最高潜能。具体说,培养健康情绪应从以下几方面着手:

1. 保持积极状态,高尚修养

积极是相对消极而言的,涉及人的认知、思想和行动。一般,积极是一种理想化的精神状态,强调的是主观上的感受。我们常常说青少年要做个有理想的人,就在于有理想的人精神有寄托,学习有动力,工作有热情,生活有乐趣。积极的人为了实现理想,会自觉调整情绪,情绪就自然处于积极、稳定、乐观、向上的状态。

积极的状态得以保持,有赖于思想文化修养的高尚。应该说,积极的人并非没有消极的情绪,而是能够正确对待消极情绪,善于化解不良情绪,从而使自己胸襟开阔。少了许多无谓的烦恼,情绪也就能够保持在健康、良性状态。

2. 调控期望指数,增强信心

期望值是对人或事物所抱希望的程度;自信心是个体对自己的一种积极的感受,即相信自己的能力和价值。期望值与自信心的关系密切且制约人的情绪。情绪是人对需要满足与否的反应。在现实生活中,青少年自信心的缺失,大多与期望值太高有关。例如,有的学生不顾自身条件和客观环境的限制,制定了自己无法企及的学习目标,致使自己在短期内无法实现目标任务,由此对自己产生了不满情绪。如果这种不满情绪成了重新调整期望值的动力,使期望值与自己的能力相匹配,需要得到满足,那么自信心就不会受到打击;反之,过高的期望值导致一次次的失败,对自己的不满情绪就会发展成失望、绝望等不良情绪,直至自信心的彻底崩溃。要知道,一个人的自信心一旦处于崩溃边缘,想重新恢复是很难的。因此,要防止需要难以满足的现象,就要学会把期望值调整到适宜的程度,不苛求,并对自己拥有的一切心怀感激,保持良好的心境以增强自信心。循序渐进,推进目标,自信心才不会受到打击。

3. 优化意志品质,学会幽默

健康情绪的培养从某种意义上讲,与意志品质的关系是十分密切的。具体就是,意志品质的优劣与情绪的状态成正比,即意志品质薄弱者易受情绪左右,意志品质优良者易控制情绪。有的人说:"我知道发火不对,可就是控制不住。"其实,如果我们遇事都能像美国总统林肯那样,让那封伤害他人的信永不寄出,那么我们就是在尝试着优化自己的意志品质,尝试着学习自我控制。优化意志品质关键在坚持自我控制,只要我们遇事能够自我控制,并使之成了习惯,做自己情绪的主人就不是一句空话。

如果说林肯通过"永不寄出的信①"来优化自己的意志品质,那么他撕掉朋友的信,则是优良意志品质的一种幽默表现。常言道,高尚的幽默是精神的消毒剂。林肯就是在用幽默的方式消除朋友的不良情绪。学会幽默,就能以超然洒脱的态度去应付一切不良刺激。

4. 培养高雅情趣,发展友谊

前面我们谈到,青少年不良情绪的诱因之一就是人际关系。导致青少年人际关系不良的原因有很多,但缺少高雅情趣,则是一些青少年难以获得友谊的重要原因。情趣就是情调趣味,展示的是一个人精神层面的涵养情况。情趣相投者才容易建立和巩固友谊。友谊是获得理解、尊重、同情、安慰等精神支持的前提条件,可见,培养自

---

① 永不寄出的信:具体故事详见第四讲。

身的高雅情趣,以发展友谊,对保持优良情绪、抑制不良情绪的意义重大。

良好的人际关系的实质,是建立和睦关系的双方都满足了自身安全感和归属感的需要。换言之,这种安全感和归属感是保持情绪稳定的镇静剂,是发展人际关系的基础。因此,成长中的青少年更应该重视自身高雅情操的培养,发展和巩固良好的人际关系,使友谊之花常开不败。事实上,高雅的情趣并不是高不可攀的,打球、登山、跑步、下棋、唱歌、弹琴、跳舞、看电影、练书法等一些被人们习惯当作娱乐或文体活动的项目,都是高雅的。有共同爱好的人之间最容易建立起友谊,信任往往建立在共同语言的基础上。一个被友谊关系支撑的人,必是情绪稳定,精神愉快的人。对于远离家乡、父母、亲人而出外求学的青少年来说,建立并发展同学情谊,融洽师生关系,就成为搞好人际关系的主要方面。

5. 发展高级情感,学会取舍

一些青少年经常为一些不值得伤脑筋的事情费神,在"鱼和熊掌"之间犹豫不决,甚至对已决定的事后悔不迭,平添了许多焦虑和烦恼。这类问题的存在,主要是没有学会取舍,特别是没有真正建立起高级情感。高级情感与人的社会性需要相联系,在人的生活中起着重要作用。首先,学会取舍,需要培养分辨能力,而这种分辨能力其实就是一种道德水平,即我们常说的分辨是非的能力。一般说来,道德情感的积极或消极,都会影响青少年的道德行为。其次,学会取舍,需要激发求知欲,鼓励好奇心,这是理智情感培养的重要内容。那种在"鱼和熊掌"之间犹豫不决的现象,就是理智情感缺失的表现。再次,学会取舍,需要培养高雅的审美情趣,这对青少年一生的影响意义重大。一个热爱生活的人,绝不是一个经常沉溺在后悔中的人。

第四讲 青少年如何认识意志的作用

一、青少年意志行为的特征

故事引路

一次，美国前总统林肯的一位朋友十分委屈地向林肯诉说了另一位朋友的无理。林肯听后不平地说，你马上写封信去痛骂他一顿。于是，这位朋友立即提笔疾书，将那人痛斥一番。信写好后，却被林肯拿过来撕了，他边撕边笑着说，"我写过不少这样的信，然而从来没有、也永远不会寄出去"。

美国南北战争时期，南军统帅李将军于盖茨堡之役失利后率军南撤，时值大雨，又被一条大河堵住去路，后面还有北军追赶，处境十分危险。然而北军将领格兰特将军却拒不执行林肯的命令，拖延发动攻击，导致李将军逃脱。事后，林肯大怒，写了一封措辞严厉的信，但始终没有寄出去，直到他死后，人们才在他的遗物中发现了这封信。

西奥多·罗斯福总统在碰到麻烦事时，总会看着林肯的巨幅画像问自己：如果林肯在这种情况下，他将怎么办？

心理按摩

林肯永不寄出的信被人们公认是消除怒气和烦恼的良方。其实，通过林肯这个故事，我们从中获得的最重要的一点启示是，人类如何控制自己的意志行为。

我们可以尽情地倾吐心中的不快，但没有理由去伤害他人。情绪宣泄有很多方式，但有一条总的原则，就是一定要为社会接受，而不对社会、家庭、他人造成危害。唱歌、弹琴、跳舞、画画、运动等都能宣泄人的情绪；向亲朋好友诉说衷肠，一吐为快，即使问题不能立刻得到解决，也可以排遣心中的烦恼和怨恨、悲伤或愤怒。

意志是人自觉地确定目的，根据目的支配和调节行动，克服困难，力求实现预定目的的心理过程。迄今为止，所有人类的成就，没有一件能离开意志的支撑而存在。

意志不是人生来就具有的，它是后天练就的，是在家庭、学校、社会的教育引导下，在现实实践中自我磨炼、逐步发展起来的。林肯的朋友就是从林肯那里习得了如何通过意志来控制自己行为的方法。

健康护照

意志和行为原本是两个概念，但人类的意志与行为往往难以分割。因为，意志是个比较抽象的概念，意志的过程必须借助具体的行为才能表现出来，且这种表现具有明显的意识性、目的性，还包含着排除艰难险阻的过程。意志既要借助行为加以表现，又可以支配和控制行为。

受意志支配和控制的行为称为意志行为。

就青少年而言，意志行为主要有以下基本特征：

1. 薄弱性高于顽强性

薄弱性是相对于顽强性而言的。人类的意志行为是自觉确立目的的行为，即是有意识、有目的、有计划的行为。青少年由于心理和生理的成熟需要一个渐进的过程，所以，相对于成人在意识、目的和计划性方面有明显的欠缺。即确立目的的自觉性欠缺。我们常听人说某某学生在学习上只有"三分钟"热情，这就是在说，这名学生在确立学习目标上自觉性不足，目的性和计划性模糊，顽强性欠缺。青少年意志的薄弱性还表现在克服困难的软弱上。人类的意志行为必定与克服困难相连，否则不能称之为意志行为。比如，对一个正常的学生来说，学习只是一种行为习惯，而对于一个智障的学生来说，学习就成为意志行为，因为他要克服智力正常的学生所不存在的诸多学习困难。然而，许多正常学生在克服困难方面往往不如残疾学生。所以，心理学研究认为，青少年在实现社会化目标方面表现出的意志薄弱性较为普遍。

2. 随意性高于自控性

自我意识控制和调节人的行为，因此人类的行为可分随意和不随意两种。前者是无条件反射，没有确定的目的动作，是不以人的意志为转移的；而后者则是通过后天习得而形成条件反射的随意动作。随意动作是意志行为的必要条件，否则，意志行为不可能实现。青少年意识中潜在的惰性决定了其意志行为的随意性，要比成人相对明显。这缘于青少年的认知和辨别能力与成年人的差异。

3. 冒险性高于协调性

人类的意志行为必须是协调一致的，具有一定的社会实践意义。这是意志行为的特性，亦是人类行为的最终目标。诚然，人类的一切行为并非都有社会实践意义或属于意志行为。如每个学生在学习方面或多或少都有一些无意识的小动作，就没有社会实践意义。但是，受意志控制、协调并具有社会实践意义的行为是人类行为的主流和主体，如遵纪守法、文明礼貌、勤奋好学、助人为乐等等，这是衡量一个人心理健康与否的重要指标。一些青少年由于认知能力不强，特别是个体的意志行为常常与社会公认的意志行为相悖，甚至明知故犯,成为反社会行为,还有一些青少年易受暗示,所以其意志行为极具冒险性。

二、意志的作用

故事引路

塞曼小时候读书的自觉性并不高,成绩也一直平平。塞曼的母亲看到儿子的这种表现,心里十分着急。

一天,她把儿子叫到跟前,注视着他的眼睛,神情激动地说:"儿啊,早知道你是一个平庸无能之辈,我当初真不该在波涛中挣扎……"接着,她向默默呆立的塞曼忆起往事。在塞曼快要降生的时候,家乡突然遭到洪水的袭击,她死里逃生,好不容易才登上了一只小船,塞曼就降生在这只小船上。母亲望着滔滔洪水和刚刚临世的小生命,想起了荷兰人的一句古训:我要挣扎,我要探出头来!

听完妈妈的回忆,塞曼才知道母亲所经历过的艰难,心灵受到强烈的震撼。他暗暗发誓,要发奋攻读,绝不辜负妈妈的厚望。功夫不负有心人,他终于以优异的成绩受到学校当局的赏识,被学校聘为助教。当他满怀喜悦去见母亲的时候,母亲已身染重病,奄奄一息了。在弥留之际,她用深情的目光注视着塞曼,嘴唇在艰难地颤动着,"挣扎,再——挣——扎!"留下这句遗言后溘然长逝。

挣扎就是奋斗。挣扎,再挣扎,就是不满足于现状,永远拼搏。塞曼把妈妈的话铭刻在心。他将嵌有母亲遗像的金制小镜框一直挂在胸前。遇到困难和挫折时,他便凝视着母亲的遗像,回想母亲的谆谆教诲,以增加自己克服困难的勇气。塞曼在科学的道路上不断挣扎,终于攀上了一般人难以企及的高峰:1902年获得了诺贝尔物理奖。

心理按摩

塞曼遵从母亲的教诲，"挣扎，再挣扎"，终于攀登上了科学的高峰。这个挣扎的过程，体现了塞曼意志的坚定及其发挥的巨大作用。

意志在一个人奋斗的过程中的作用之大，已经无需证明。在人生的旅途上，每个人都会遭遇挫折、坎坷或不如意，而能否闯过去，就取决于有无坚强的意志。我国古人悬梁刺股的精神，佐证的就是意志的坚强。

歌德说："流水在碰到抵触的地方，才把它的活力解放。"这话其实就是在强调意志的关键作用，即坎坷、挫折并不可怕，有了坚强的意志，就能战胜它，甚至在战胜它的过程中，激发出潜能，进而取得更大的成就。

美国心理学家曾用了50年的时间，对1528名智力超常儿童的成长情况进行跟踪调查，并对成就最大的160人和成就最小的160人进行了比较。发现他们之间最明显的差异就在于意志品质的不同，成功者都表现了勇于开拓、进取和坚忍不拔的意志。

有句老话说得好，你跌倒了，不要乞求别人把你扶起；你失去了，不要乞求别人替你找回。增强和磨炼意志，意志就会在你的人生奋斗中发挥难以估量的作用。

健康护照

我们已知意志对人生的意义之重要，那么，意志对于青少年来讲，都有哪些作用呢？

1. 身心潜能的调控作用

(1)调节身心。意志是一种决定达到某种目的而产生的心理状态,这种心理状态汇聚成的力量能够调动个体的全部生理和心理潜能,对于调节人的身心起着非常重要的作用。例如,在大地出现塌陷的危急时刻,一位母亲为了救出自己的孩子,始终保持着托举的动作,直到救援人员赶来,才合上自己的双眼,这就体现了意志对人生理上巨大的调节控制作用。研究结果显示,抛开其他因素,就意志力的优劣而言,不同个体的学习或工作业绩悬殊明显。

(2)控制情绪。情绪影响身心健康,这已经是不争的事实。坚强的意志可以控制不良情绪,消除不良情绪对心理状态的影响,使人保持乐观向上的精神状态,能够勇敢地面对艰难险阻,战胜挫折。如北京有个抗癌协会,这个组织里的癌症患者互相鼓励,坚持体育锻炼,靠坚韧的意志,战胜了消极情绪,顽强地同病魔作斗争,谱写了许多生命的赞歌,令医学界叹为观止。

2.目标实现的保障作用

在人生目标的实现中,意志是不可缺少的重要因素。人们在追求自己的理想和奋斗目标的征途上,都希望一帆风顺。然而良好的愿望终究代替不了现实,追求理想和目标的过程既不可以为所欲为,更不可能顺风顺水。所谓美好的东西来之不易,遇到许多阻力和困难是在所难免的,如来自限定目标之外的诱惑、干扰和自身的惰性等。有了坚强的意志,就能坚定信念,勇敢地战胜挫折,排除一切艰难险阻去完成目标任务。如2000年8月创造了男性横渡海峡世界纪录的张健,就是靠意志守护目标,锲而不舍、百折不挠、艰苦科学地训练了12年,超越了自己生理与心理的极限,最终达到目标,实现了理想。张健成功后坦言,横渡海峡的第一夜,在漆黑无边的大海上,身体的困顿、胃部的不适,使他确实产生过要放弃目标的念头,但是最终还是意志战胜了生理上的不适、心理上的恐惧和压力。可见,顽强的意志是实现目标的保障。

3.意志行为的支配作用

没有意志就没有意志行为。意志对行为的支配作用体现在两方面,即行为的发动作用和行为的控制作用。无论是发动还是控制,都与行为的目的有关——任何意志行为都必须具有明确的目的。发动行为就是为达到预定的目标而推动个体采取行动。如铁人王进喜在大庆油田的开发建设中所表现出来的勇敢、顽强、坚韧不拔的奋斗精神，就是由要摆脱中国贫油国帽子的伟大目的而产生的。控制行为就是为达到预定的目标而制止与之相悖的行为。如许多从事体操训练的运动员，在艰苦的训练中大多产生过放弃的念头，有的甚至还有过逃跑的行为，但最终还是坚强的毅力战胜了怯懦和软弱，抑制了退缩或逃跑的行为。发动和控制并非在单一地发挥作用，而是相互联系而统一的，共同实现对人活动的支配和调节。

三、意志的心理过程

故事引路

希腊神话中讲到一场著名的战争，即特洛伊之战。故事说的是希腊人攻打特洛伊城 10 年，始终未获成功，后来建造了一个大木马，并假装撤退，希腊将士却暗藏于马腹中。特洛伊人以为希腊人已走，就把木马当作是献给雅典娜的礼物搬入城中。晚上，希腊将士冲出木马，毁灭了特洛伊城。这就是著名的木马计。

心理按摩

10 年，时间之长，这在战争史上大概是绝无仅有的。没有顽强的意志，是不会有这样长时间的坚持的。希腊人远道而来，攻城不下，消耗最大的就是意志。表面上，希腊人是靠木马计取得最后胜利的，其实，摧毁特洛伊的不是木马计，而是攻城者顽强的意志。

普通人与成功者的不同之处,不在于缺少力量,不在于缺少知识,而是缺少意志。

健康护照

意志活动的大致过程一般由决心、信心、恒心这样三个阶段构成。这是一个心理活动的渐进过程。做任何事情都需要首先确定目标,古人称之为"立志",即今天说的"下决心"。有了明确的目标,还要有信心。"有信心"就是坚定信念,相信自己确定的目标是切合实际的,是可以通过努力而实现的。这个环节对整个意志活动起着至关重要的作用,缺少信心,目标与行动之间便缺少了纽带。当然,仅有信心是不可能成事的,许多目标的实现需要经过一个长期的艰苦的过程,这就需要恒心来支持,有了恒心才会坚持不懈,才会咬紧牙关努力,才能有不达目标绝不罢休的顽强毅力。缺少恒心,要成功就只能选择那些可以"一蹴而就"的事情,否则只能半途而废。中国有个成语叫"浅尝辄止",意思是略微尝试一下就停下来。显然,浅尝辄止的根源就是缺少恒心,就是缺少顽强的意志。学校教育和家庭教育中经常提到非智力因素这个概念,而非智力因素中的主要因素就是意志。一般说来,恒心持久者,做事不盲目,目标明确,下定决心,毫不犹豫,而且信心十足,成功自在预料之中。

决心、信心、恒心在实现目标的过程中是相互依存、相互制约并缺一不可的。其中,决心是开端,"万事开头难",有个良好的开端十分必要;信心是关键,信心是联系决心和恒心的纽带,也是通往成功的桥梁;恒心是保障,是支持行为接近目标的保障。愚公移山这个寓言故事,十分准确地揭示了意志过程的三个阶段是密切联系、相互交织、彼此促进的关系。

第五讲 青少年如何培养意志品质

一、优秀意志品质的特征

故事引路

富兰克林当年的电学论文曾被科学权威不屑一顾,皇家学会刊物也拒绝刊登;另一篇论文也遭到皇家学会的嘲笑,后来朋友们设法将其出版,因论点与皇家学院院长的理论针锋相对,这位院长对富兰克林进行了人身攻击。但富兰克林没有被挫折所吓倒,没有放弃自己的科学信念,而是更积极地投入实验,以实践来证实自己的立论,这就促使他冒着巨大的生命危险进行了风筝攫电的有名实验,终于获得了成功。于是,他的著作被译成德文、拉丁文、意大利文,得到了全欧洲的公认。

心理按摩

富兰克林的成功,是他在挫折面前没有放弃自己的科学信念。不放弃信念靠什么?靠拥有顽强的意志。青少年在成长过程中,意志薄弱的现象比较普遍,意志异常现象也经常存在,尤其在独生子女群体中,因这一问题而影响心理健康、人际交往和学业发展的不乏其人。所以,青少年应该像富兰克林学习,培养自己优秀的意志品质。

意志品质是指行为或作风上所表现出来的意志的本质。

健康护照

青少年以个体生命的鲜活状态为推力,承载着无数家庭的梦想,支撑着社会进步发展的希望,维系着国家与民族的未来,应该具备独立自主、勇敢顽强、勤奋刻苦、积极进取、坚忍克制等优秀的意志品质。那么优秀的意志品质有哪些特征呢?

1. 自觉性

所谓自觉性,是指个体对自己行动的目的有明确的认识,主动地调节自己的行动使之符合这一目的。也就是说,个体的自觉性以目的的明确性为前提,能够为达成目标任务努力排除外界干扰,主动地管理和约束自己的行为,独立自主地坚持实现既定任务。例如,某些重点高中里的"宏志班"的学生,大多是具有自觉性的人,他们不用别人督促,在高考复习中独立地发现问题,总结规律,自觉检查和主动修正错误,才取得了令人羡慕的高考成绩。

自觉性能够帮助个体克服内部困难,是成功开展事业活动的推动力量。所谓内部困难,其实就是内驱力不足,主要来自于思想障碍,表现为对实现目标的信心不足和懒惰,相对于外部困难更难克服。因此,一个人有无自觉性,直接制约着其能否实现目标的行为,对人生的意义极其重大。

2. 果断性

所谓果断性,是指个体能够迅速决断,不犹豫。果断性要求个体具有迅速地明辨是非、合理地决断并执行决定的心理品质。果断性以认识的正确性为前提,以敏锐的洞察力为特征,以敏捷的思维为依托,在大是大非面前,在危急时刻,能够当机立断,迅速行动。具有果断性的人善于深思熟虑,能够清醒地考虑行为的目的,周密地选择达成目标的有效方法,深刻认识所做决定的重要性和现实可行性,关键时刻又能当机立断,及时行动。例如,2004年浙江省理科高考状元吴杰行是一个善于独立思考、有良好学习习惯的人,他在上高二时因为学习成绩优秀,北大、清华这两家名牌大学都向他伸出了热情的手,但他坦然地拒绝了,他要凭自己的实力考上名牌大学,事实证明他当时的决定没有错,反而反映出他具有合理地决断并执行决定的心理品质。

果断性能够帮助个体克服优柔寡断、患得患失、踌躇不前等不良心理障碍,减少人生追求的遗憾。

3. 坚韧性

所谓坚韧性,是指个体的信念坚定,意志顽强,行动有韧性。坚韧性以能够坚持自己的决定为前提,要求个体具有不可动摇的信念和意志支配下的不达目的决不罢休的心理品质。表现在行动上则为坚韧不拔。例如著名的科学家居里夫人能够正视科学研究中的每一次失败,挫折面前毫不动摇自己的信念,百折不回地坚持自己的实验,成为当时登上科学巅峰的少有的巾帼科学家。其中尽人皆知的镭的发现就经历了无数次的失败。再如中国工农红军在艰难困苦中坚定革命信念,突破了敌人的一次次围剿,实现了二万五千里长征的决定性胜利。无数历史事实证明,一个人具有了坚韧性,就能够在一切考验面前不动摇,不退却,不逃避,不放弃。

坚韧性能够帮助个体克服自卑和恐惧心理,增强抗挫折能力。青少年在人生的成长和奋斗中,要培养坚韧的意志品质,为实现事业上的追求奠定基础。

4. 自制性

所谓自制性,是指个体具有克制自己欲望、控制自己情绪、驾驭自己行为和支配自己情感的心理品质。自制性是一个人在追求目标过程中不可缺少的优秀的意志品质,其特征是善于约束一切不利于自我发展的情感,排除一切不利于达成目标的干扰。也可以说,抑制力是自制性的外在表现。例如网络的诱惑是许多青少年面对的外在干扰,其中网络游戏更是连成年人都容易沉溺其中而不能自拔的,意志力相对薄弱的未成年人就更难抵御这种诱惑。因此,具有较强自制力的青少年,才能够在巨大的诱惑面前,坚守住自己的心理防线,不被网络游戏所左右。缘于此,有的人把自制力看成是青少年重要的生存能力,可谓意义深远。

自制性能够帮助个体克服厌倦和犹疑心理,战胜诱惑,抑制冲动,防止随意性。随意性其实就是放任自流,不负责任,是青少年健康成长的大敌。

二、不良意志品质的克服

故事引路

一个佛陀在旅途中,碰到一个不喜欢他的人。连续好几天,好长一段路,那人用各种方法污蔑他。

最后,佛陀转身问那人:"若有人送你一份礼物,但你拒绝接受,那么这份礼物属于谁呢?"

那人回答:"属于原本送礼的那个人。"

佛陀笑着说:"没错。若我不接受你的谩骂,那你就是在骂自己?"

那人摸摸鼻子走了。

心理按摩

只要心灵健康,别人怎么想都影响不了我们。故事中的佛陀是个具备优秀意志品质的人,他不在乎别人的想法或说法,更不会因此失去自我。而他旅途上碰到的那个人,显然是个意志品质有缺陷的人。不良的意志品质是人生失败的祸根。我们常说,人要掌握自己的命运,但如何才能真正掌握自己的命运,许多人是茫然的。如果一个人不能对自己的意志品质的优劣有一个正确的评价,想要掌握自己的命运那就是一句空话。意志品质缺陷或不良,后果极其严重,不仅影响人的心理活动,使人形成不良的心理状态和性格缺陷,还会发展成病态人格。我们需要尽早意识到它的危害。

健康护照

青少年应该克服哪些不良的意志品质呢?

1. 拖延

人皆有惰性,而拖延是惰性最常见的一种表现形式,其本质是一种意志缺陷。所谓拖延,是个体陷入了无法按自己的意愿行事的精神状态,阻滞了其对实现预定目标的努力。事实上,拖延者是能够自感本身存在这种缺陷的,许多人也曾为此而苦恼,但拖延一旦成为习惯又难以改正。比如,有的人学习任务完成困难,无法将精力集中到学习中去,又不愿自己主动改进,只有在被家长或老师逼迫的情况下才肯向前走,一旦外界的逼迫减少,拖延就又成了常态;有的人受外力的影响,也会产生羞愧、内疚之心,下决心改正,甚至做出改进学习状况的计划,但仅此而已,该实施的计划被无休止地耽搁下去,做事依然磨磨蹭蹭,效率极低,久而久之,只有计划没有行动就成了习惯。总之,拖延成了习惯的人,总是对现状不满意又不去主动改变,生命消耗在等待和无奈之中。拖延习惯严重者不敢正视现实,习惯逃避困难,惧怕艰苦,遇到阻力就退缩,缺乏约束自己的毅力,缺少担当,因此难以胜任重大任务。

青少年产生拖延的原因主要是意志薄弱。

克服拖延的方法:

(1)要端正认识。拖延是导致失败的祸根,拖延只能给人生带来不如意,带来意想不到的危害,却不能解决任何问题,成功者从不拖延。

(2)要付诸行动。行动是改变拖延习惯的唯一途径,越早行动,效果越好。

(3)要杜绝借口。任何拖延现象都是有借口的,如"我累了""我不会""过一会儿再做"等就是常见的借口,只有不给自己找借口,坚持有始有终做好每一件事,就会增强信心。

(4)要自我奖励。习惯的养成需要强化,自觉做事不拖延的习惯也需要强化,自我奖励就是强化的有效手段。自我奖励就是自我肯定,可以使人在愉快中增强信心。

2.盲从

盲从是平庸的根源。不问是非地附和别人或盲目随从,就是盲从。青少年的盲从表现主要是没有主见,轻信权威,从众。而21世纪,无论在地球的任何一个角落,平庸都会被时代的浪潮所淘汰。平凡的人生和平庸的人生不是一回事。我们可以一辈子做不出一件名留青史的大事,也可以不具有令人称羡的才华,但不能甘愿平庸。即使做一名普通人,也要做最勤勉的人、最刻苦用功的人、最积极向上的人,或是最乐观的人、最有热心的人、最有活力的人、最热爱生活的人,把自己与众不同之处展现出来,把自己的价值凸显出来,使自己的创造能力得到施展。

克服盲从的方法:

(1)要有独立自主的意识。遇事不依附他人,每做一件事都坚持每一个环节都由自己独立完成,如确定目标、寻找解决问题的方法等,只要在达成目标的过程中,坚持独立自主的原则,独立思考、独立制订方案、独立攻坚,盲从的习惯就会早日克服。

(2)要有独立决断的能力。仅有独立意识而缺少判定是非的能力,不能从根本上克服盲从。独立决断能力建立在独立认识事物本质能力的基础上,只要独立认识和判断事物的能力提高了,才能敢于决断。敢于决断与盲目决断是截然不同的,两者的区别在于,决断时个体是否具有对事物的本质的认识能力。

（3）要有独立行动的勇气。勇气与自信是紧密联系的，没有勇气就是自信心不足，没有信心就没有勇气坚持自己的观点。因此有能力的人，如果缺少勇气，依旧不敢独立行动，还是无法真正摆脱盲从。

3.怯懦

怯懦就是胆小怕事，即缺乏勇气。主要原因是害怕失败，害怕遭到外界的否定，害怕做不好丢面子。实质是不敢面对挑战和竞争，实行自我束缚。主要表现是在阻碍面前习惯选择回避态度，如回避困难，回避风险，回避矛盾，回避责任等。有怯懦心理的人时常独自彷徨，生活中缺少观众，因为害怕失败，什么都不敢做，也几乎感受不到成功带来的乐趣。

克服怯懦的方法：

（1）要避免自我束缚。怯懦的根源就是自我束缚，老是把害怕的问题想象得多么严重、多么难以解决，就畏首畏尾，不敢行动，生怕做错了什么。如不敢发表个人意见，就是在自我意识中，害怕与他人意见不同而遭到非议。这种想法本身就如同孙悟空给自己戴上了"紧箍咒"，是自我束缚。

（2）要设法提高能力。有了广博的知识和高超的技能，就不怕在人前丢脸。能力是信心的基础，"艺高人胆大"说的就是这个道理。靠智慧战胜困难，就不会缩手缩脚。

（3）要敢于付诸实践。光说不练永远解决不了问题，要学会利用各种机会，创造各种条件，积极实践，不给自己找任何退缩的理由，在实践中体会，在行动中感悟，在成功中突破，以此提高自信心。只要行动了，就能发现，原来做起来并没有想象得那么难、那么可怕。所以信心和力量皆来自于行动。

4.冲动

在青少年阶段，情绪不稳定是常见现象。年轻好胜，是青少年引发冲动的主要原因。好胜心理人皆有之，成年人也会在某种特定的情境下，难以抑制自己的冲动行为。任何人心理承载的负担只要超过了其能够忍受的限度，就有冲动的可能，因而出现因冲动而导致不良后果的现象在现实生活中并不少见。有时冲动与丧失理智互为因果，社会上的许多犯罪问题就是由此产生的。冲动的主要表现是遇事不冷静，情绪宣泄的方式不正确，其根源在于自我控制的能力缺乏。

克服冲动的方法：

（1）要加强个人修养。个人修养包括思想道德素质和文化素质，而一个人自制力的强弱，在某种程度上取决于个人修养的高低。个人修养高的人，涵养也高，心胸有包容，控制情绪的功力也强于一般人，不会为区区小事而斤斤计较、暴跳如雷。

（2）要学会和谐关系。人生在世，必然要面对各种复杂的关系，回避虽然能够减少冲动，但不能解决实质问题。只有全面正确地认清事物存在的必然性，才能真正认清人际关系存在的合理性，懂得自我与他人的关系是无法回避的，学会与他人和谐相处，自觉地控制情绪，避免冲动。

（3）要善于稳定情绪。稳定情绪并非刻意压抑情绪，而是用合理的方式进行宣泄，如暂时脱离特定的环境或找朋友倾诉等，只要能把将要引发冲动的情绪释放出来，情绪就能稳定下来。所以培养自我控制能力是避免冲动的必要条件。

5. 迟疑

迟疑就是拿不定主意，就是优柔寡断。从某种意义上说，迟疑与拖延、盲从、怯懦是同胞兄弟，主要表现为瞻前顾后、患得患失、犹豫不前等，特征是意志薄弱、缺乏果断和自信，容易使人坐失良机。所以迟疑常常伴随着悔恨、焦虑、苦闷、抑郁等不良情绪。

克服迟疑的方法：

（1）要克服性格弱点。一般性格内向的人遇事谨小慎微，容易在需要多样性（即两难选择）的情况下举棋不定，缺乏主见，失败时又易犯归因错误。因此充分认清自身的性格弱点，主动与他人交流，积极参与实践活动，丰富阅历和经验，遇事大胆决断、不依赖他人，创造机会锻炼自己。

（2）要强化意志力量。遇事要善于独立思考，奋斗的目标要明确,行动要自觉主动。做事不必追求完美,也不必在意别人的议论。

(3)要学会调整需要结构。当遇到需要多样性的情况时,如果发现这些需要不能同时兼顾,就应大胆取舍,像孟子那样当鱼和熊掌两者不能兼得时,舍鱼而取熊掌。只有学会抑制需要,关键时刻才能及时、果断、准确地做出选择。

三、优秀意志品质的培养

故事引路

在高速行驶的火车上,一位老人不小心把刚买的新鞋从窗口掉出去一只,周围的人正倍感惋惜,老人却立即把第二只鞋从窗口扔了下去。这举动更让人大吃一惊。

"是这样,"老人解释道,"这一只鞋无论多么昂贵,对我而言都没有用了,如果有谁能捡到一双鞋子,说不定他还能穿呢!"

心理按摩

我们也许经历过与这位老人相似的事情,只是当某种重要或心爱的东西失去的时候,我们大多没能像老人那样坦然和决绝,有的甚至还在心理上投下了阴影。

究其原因,那就是我们并没有调整心态去面对失去,没有从心理上承认失去,总是沉湎于已经不存在的东西,没想到去创造新的东西。故事中的老人则不然,他不为失去而懊恼,更不为剩下的那只鞋应该怎样处理而优柔寡断。这就是具有优秀的意志品质的体现。

拥有优秀意志品质的人，决不计较一时一事的得失，正如老人用行动告诉我们的那样，与其抱残守缺，不如就地放弃。事物的价值不在于谁占有，而在于如何占有。失去不一定是损失，也可能是获得。卧薪尝胆的勾践，暂时失去了做人的尊严，却换来了越国的复兴，赢得了后人的赞誉；铁杵磨针的李白，暂时失去了童稚的快乐，却磨炼了顽强的意志，成就了千古的美名。可见，意志品质如何，对一个青少年来讲，其重要性是不言而喻的。磨炼意志，培养优秀的意志品质是青少年必须坚定的信念。

健康护照

孟子曰："天将降大任于斯人也，必先苦其心志，劳其筋骨，饿其体肤，空乏其身，行拂乱其所为，所以动心忍性，增益其所不能。"意志品质的培养不是一朝一夕的事，而是一个艰难的过程。

青少年意志品质的培养，应从以下几个方面着手：

1. 明确目标

有所作为必先明确目标，有了目标，就有了奋斗的动力。有了动力，心理潜能才能被极大地激发出来，才能够正视一切艰难困苦，为理想的实现扬帆远航。

2. 学会坚持

坚持是锻炼意志的基本途径。事无巨细，都离不开坚持，一切优秀的意志品质均是在坚持中磨砺出来的。在物质丰富、学业繁重的今天，抵御诱惑离不开坚持，克服胆怯离不开坚持。能否坚持，是检验意志品质的试金石。一切不良的意志品质的克服，也是在日常的学习和生活中逐步实现的。没有平时的坚持，就不可能有在关键问题或重大事情上的淡定从容，更不可能有在面临人生进退的抉择时所表现出的那种睿智、顽强和果敢。

3. 设置障碍

现实的物质条件优裕，一代青少年被娇宠的现象已较为普遍，其中的独生子女更被多方娇宠,抗挫折的意识和能力都明显薄弱。因此,自设障碍对培养意志品质大有裨益。例如,有些青少年除了学习,家务活一律不做,而自设障碍就是要改变这种状况,使自己的意志品质得到优化。显而易见,主动承担一些家务,学习时间必会相对减少,要保证学习效果,就需要提高家务活动的效率。也就是说,在类似家务的各种社会实践活动中,有意为自己设置一些需要一定的意志努力才能克服的障碍,以坚决的态度克服它,从而实现培养意志品质的目的。青少年在设定困难情境或障碍时,要遵循难易适度的原则,即符合我们常说的伸伸手摘桃子的道理。目标的设定要有一定的难度,需要努力一下才能够实现,以增强信心;但不可难度过大,特别是在信心没有完全确立的情况下,很容易导致前功尽弃。

4. 健全体魄

有无健全的体魄对一个人的身心健康影响巨大,而且健全的体魄也使得意志行动更易于实现,所以健全体魄意义重大。再者,健全的体魄需要长久地坚持,锻炼这一坚持的过程本身就是磨炼人的意志的过程。想象一下,风雨无阻地坚持某项户外体育锻炼,如骑自行车、跑步、爬山等,如果没有顽强的意志,靠什么来维持长久。因此,在健全体魄的锻炼中,需要克服的困难越大,需要的意志力也越大。同理,需要的意志力越大,意志磨炼得也越坚强。

5. 榜样激励

青少年中不乏意志品质优秀者,汶川地震中许多感人的事迹就发生在青少年身上。古今中外伟大的人物无一不具有优秀的意志品质。培养意志品质,以榜样激励自己,可以近学有示范,远学有典范。人的行为是可以传递的,学习和模仿榜样,可以激励和鞭策自己,使自己的人格高尚起来。

6. 善于自省

应该说,善于自省,是多数青少年特别是那些进入叛逆期的青少年难以做到的。常言道,人贵有自知之明。这强调的就是一个人要有能够透彻了解自己缺点的能力。了解自己的缺点离不开自省,把自省作为习惯的人必是一个具有优秀意志品质的人。当然,自觉地检查自己、公正地评价自己、坦诚地批评自己,这样做很难,正因为难以做到,所以做到了,就实现了克服懒惰、盲目、草率等不良的意志品质的目的,取而代之的必然是勤奋进取、勇敢顽强、积极自信、坚韧自制等良好意志品质。

第六讲　青少年如何科学学习

一、掌握学习的规律

故事引路

一天傍晚，有个人急匆匆地赶回家，一进门，就急不可耐地在屋子里边翻找什么。这时有个朋友来看望他，见他把房间搞得乱七八糟的，就问："嗨，找什么呢？"这个人说："我在找今天早上丢的金币。"朋友又问："你早上在哪里丢的？"这个人说："在院子里。"朋友很惊讶："你在院子里丢的，为什么在屋子里找啊？"这个人最后回答说："因为院子里黑，屋子里有灯光啊！"

心理按摩

无须赘言，这个人找不到金币，因为他在错误的地方寻找。也就是说，方法错了，即使付出再多的努力也是徒劳的。21世纪是知识经济的时代，因此，学习是每一个现代人的首要任务和终身任务。国家推行义务教育，本身就说明了学习对一个人的重要意义。但是你会学习吗？你会像有些人那样，花费的时间不多，学得很轻松，成绩却很好；而不是起早贪黑，头悬梁，锥刺股，勤奋刻苦，成效却不大？

学习除了需要勤奋和毅力外，还需要遵循规律，掌握方法。

健康护照

学习心理是心理学研究的重要内容，它不研究学习什么，而研究如何学习。具体说，就是"什么是学习、学习是如何进行的、怎样才能促进学习"这样的问题。

学习是个艰苦的脑力劳动过程，儒家把这个过程分为立志、博学、审问、慎思、明辨、时习、笃行等七个阶段，现代心理学把学习主要分为感知、理解、巩固、应用等阶段。就用脑而言，学习过程与感知、注意、记忆、迁移等心理活动关系密切，且都有其可以遵循的科学规律，掌握了这些规律，也就掌握了科学用脑的规律。换言之，科学用脑的核心是科学学习，所以掌握了科学用脑的规律，也就掌握了科学学习的规律。

1.感知的规律

我国古代，"学"与"习"是分开说的，就是到了孔子生活的时代，也尚未组成一个复合词，只不过孔子把这两个字联系得更紧密了，如"学而时习之，不亦说乎"。到《礼记》出现，这两个字才结合到一起，如"鹰乃学习"，意思是说小鹰在学着飞翔，"学"和"习"仍然是两个词。古代的"学"基本含义是获得、接受知识或技能，属于感知范围；"习"是巩固知识或技能，相当于今天的复习巩固、练习应用。

任何事物都有开端，感知就是学习的开端。所谓感知，是客观事物通过感觉器官在人脑中的直接反映，是由不知转化为知的开端。感知的规律有很多，其中下面几条应该了解：

（1）强度律。所谓强度，指对感知起作用的相对强度。也就是说，要想对某一事物有所感知，这一事物必须达到一定的强度。例如，在喧闹的环境中与人打招呼，就得提高声音，否则对方可能听不清。

（2）差异律。指被感知的个体必须与其背景有区别，如同黑白照片的"反差"，越明显越容易被感知。所以差异的大小，决定了感知的清晰与模糊。遵循这条规律，学习时可以将重要的知识材料用改变字体、颜色，标记符号等方法使之突出。

（3）变动律。指运动的事物相对于静止的事物而言，更容易被感知。如借助影视资料或利用动画演示学习内容，有助于提高感知效果。

（4）组合律。指在时间或空间上有联系，能够形成一个体系的事物，易于被整体感知。如学习中把相关的知识整理成"树形结构"，便于整体记忆。

（5）协同律。指多种感知共同参与，以提高感知效果。如眼、耳、口、手等各种感官共同活动，可以从不同的感觉通道向大脑传递信息，在大脑中形成许多神经联系，通过分析综合，从而产生全面准确的认识。

（6）理解律。感知的事物不一定会理解，只有理解了的事物才会更好地被感知。学习是一种自觉的积极的主动的过程，心理学家认为运用是学习的"母亲"，只有经过运用的知识才不需要经常进行复习。

（7）呈现律。也叫变式律。指容易被直接感知的事物，其本质属性通过变换呈现形式而恒在。这条规律告诉我们，学习中要不断变换感知对象的呈现形式，以辨清哪些是本质属性，哪些是非本质属性。如在理解概念上，充分采用变式，就可能避免缩小概念或扩大概念的错误。

（8）类比律。指在类别上相近或相同的事物，其共性特征容易被感知。利用这条规律，可以在学习中通过已知理解未知。如想了解什么是篦子，就用梳子作比较，很容易明白。

总之，感知的核心是以生活为基础，从中获得个体的行为经验。在学习过程中，只有掌握了规律，才能实现由不知到知、由知之甚少到知之甚多的学习目的。

2.注意的规律

所谓注意,是把意志集中到某一方面或指向某一对象,是心理活动指向性的体现。就学习的功用而言,注意是学习活动取得进展及成效的保证。小学教材中有篇课文名为《学弈》,讲的是古代有个人叫弈秋,是全国最擅长下围棋的人。让弈秋教两个人下围棋,其中有一个人专心致志,只要是弈秋讲的,他都认真听,细细品味,认真领悟;另一个人表面上也在听弈秋的教导,可是心里却认为天鹅要来了,想着怎样拉弓搭箭把天鹅射下来。他们虽然一起学习围棋,可是后者不如前者。其中一人的"认真听""细细品味""认真领悟",就是我们通常说的用心、仔细、聚精会神等学习中的注意现象。

注意有调节心理活动方向的作用。《学弈》中的另一人就是把心理活动指向了"射天鹅",而离开了"学弈"。所以心理学不仅强调注意的集中,还强调注意的转移。转移并非意味着注意的停止,而是把注意从一个对象转移到另一个对象上。

注意分无意注意和有意注意两种。无意注意是没有自觉目的也不需要意志努力的注意,是自然发生的。如,被树上的一只鸟的叫声吸引,而不知不觉地去观察那只鸟,就是无意注意。有意注意则是有自觉目的且必要时需要意志努力的注意。所谓"必要时",指意志努力并非是必需的。因此,心理学界习惯把既有自觉目的又需要意志努力的有意注意称为意志注意,把只有自觉目的而不需要意志努力的有意注意称为非意志注意。例如,有兴趣地观看一场比赛、晚会、电影、画展等,就属于非意志注意;学习一门课程,读一本理论高深的论著,从事一项发明创造等等,就需要意志注意发挥作用了。

各种注意之间是可以互相转化的,但这是有一定规律的。一般,注意的对象是同一事物,无意注意可以转化为有意注意,但不能相反转化。即有意注意不能转化为无意注意;只有注意的对象不同,两者才可以互相转化。如被树上的一只鸟的叫声吸引,而不知不觉地去观察那只鸟,在观察鸟的过程中发现这只鸟与众不同,甚至是濒危种类,就更加细心地加以观察,并把观察的结果记录下来,有意识地进一步研究,就是无意注意向有意注意转化的表现。如果在对鸟的研究中,无意发现了气候对鸟类的影响,观察的对象不同了,这就是有意注意向无意注意的转化的表现。至于意志注意和非意志注意的相互转化,则不受注意对象是否相同的限制。

注意有组织心理活动内容的作用。有人说,学习活动,没有注意的参与是不可想象的。心理学家有一个很好的比喻——注意是知识的窗户,没有它,知识的阳光就照射不进来。也就是说,外界的一切信息必须通过注意的选择才能进入我们的头脑。

注意有保持心理活动进行的作用。正由于接受信息和拒绝信息都由注意来决定,所以,没有注意,也就谈不上记忆、想象和思维。即注意是记忆、想象和思维等心理活动的基础。

青少年常用的引起和保持注意的方法有:

(1)兴趣培养法。培养兴趣,就是要激发学习动力。大凡学习动力不足,多是学习目的不明确导致的。故应先明确学习意义、目的,以端正学习态度。培养学习兴趣的前提,是端正学习态度。态度端正,则兴趣浓厚;兴趣浓厚,则动力强劲;动力强劲,则积极主动。所以,有人说兴趣是最好的老师。学习活动要保持注意的最大化参与,必须依赖兴趣的培养。

(2)情绪调节法。也叫意志增强法。调节情绪状态,目的是提高克服困难的意志力。学习活动的开展,兴趣是基础,意志是保障。没有顽强的意志参与的学习活动,想要收获颇丰,简直是不可想象的。因为一项活动无法坚持到底,会有什么样的结果,是尽人皆知的。

(3)排除干扰法。排除干扰的目的,就是要最大化地集中学习精力。这是针对注意易于分散的特点而言的。注意分散大多缘于兴趣点多、外界干扰多。所以努力排除干扰,避免分心走神,学会与注意分散做斗争,才能保持学习状态最佳、学习过程持久、学习结果高效。

3.记忆的规律

记忆是保存在大脑里的过去事物的印象。例如,别人一谈起《史记》,我们就会想到这是汉朝司马迁的作品,是中国古代二十四史的前“四史”之一;还会进一步想到,鲁迅对《史记》的高度评价“史家之绝唱,无韵之《离骚》”等等,这些都属于记忆活动。具体说,记忆就是人脑对过去经验的保存、提取和应用。所谓的"过去经验",包括过去所闻所见、所思所感、所历所行的一切事物、问题、情感、行为等。

"记"与"忆"是记忆的两个基本阶段:"记"是"忆"的基础,包括识记和保持两个环节,其中识记是保持的前提,保持是识记的巩固;"忆"是"记"的检验过程,包括回忆、再现两个环节,其中回忆是经验的恢复,是再现的前提,而再现是经验的应用,是回忆的结果。没有"忆","记"的结果则无从体现。把储存的知识和经验提取出来,其过程就是回忆,其结果就是再现;一时不能提取但重现后能加以确认的过程就是再认。不能再现和再认的现象就是遗忘。

记忆同注意一样,也有无意和有意之分。无意记忆是没有自觉目的,没有采用记忆方法,不需要意志努力的记忆;相反,具有自觉目的,采用一定的记忆方法,在必要时需要意志努力的记忆则是有意记忆。有意记忆又分机械记忆(又称强记,单纯依靠对事物的重复,而不需要多种方法,基本条件是复习,如抽象的名词和术语的记忆)和理解记忆(需要理解材料的意义,需要利用已有的知识和经验,也需要采用多种多样的方法的记忆)两种类型。各种类之间相互联系,共同促进。

记忆是智力活动的仓库,也是智力活动的基础。没有记忆力,什么观察力、想象力、思维力、注意力,一切都没了依据,也无法使用了。

青少年保持记忆防止遗忘的方法有:

(1)高度重视识记。识记是记忆各个环节中的前提、各个要素中的基础,把握住这一点,记忆才会牢固。识记要讲究规律,一般讲,凡是特点鲜明、引人注意或形成系统的事物,就易于识记。古语"博闻强识"中的"识"虽说的是记忆力,但亦在强调识记的作用。

(2)运用科学方法。不同年龄段的青少年,要根据自身的年龄特点和学习记忆的内容,选择适合自己的记忆方法。如哪些知识是需要精确记忆的,哪些是需要大体了解的;哪些知识适合使用机械记忆,哪些知识适合使用理解记忆等。以防止夸美纽斯[①]所批评的"不断把流水泼到一个筛子里去"的情况发生。

(3)掌握遗忘规律[②]。遗忘与记忆表面上是对立的,实际上是相辅相成的:要有所记忆,必有所遗忘;只有遗忘了不该记忆的,才会记住应该记忆的。遗忘也有其自身规律,掌握了这些规律,就能减少遗忘:①遗忘受时间因素制约。从时间因素上看,遗忘速度最快、遗忘量最大的是那些被识记时间最短的事物。即在被识记后的 1 小时内遗忘速度最快,遗忘量最大;1 小时后遗忘速度减慢,到 48 小时后,就几乎不再遗忘,记忆量保持在 20% 左右。利用时间规律减少或防止遗忘,就应及时复习并通过练习巩固记忆。②遗忘受识记对象的特征制约。从被识记对象的特征等因素上看,无重要意义或引不起浓厚兴趣的事物最先忘记,有意义或形象化的事物遗忘得慢,同一对象的首尾部分容易记住而中间部分则容易遗忘,学习程度深的对象不易遗忘(如背诵一篇文章,念 10 遍能记住,念 10 遍以上能记得更牢)。③遗忘受识记线索制约。任何一个识记过程都会留下一个线索性的记忆痕迹,只要识记的事物没有被彻底遗忘,借助联想手段是可能实现追忆的。例如,某个东西找不到了,可想想什么时候看到过它,什么时候用过它,以后做过什么,到过哪些地方,有无他人借过,平时喜欢放在什么地方等,经过这些环节的联想,识记线索被有意拾回,有可能追忆出这个东西的下落。

4. 迁移的规律

迁移涉及知识和技能、学习态度、学习方法、道德品质、行为习惯等多个方面,但本节主要是讲学习的规律,所以在此只谈学习的迁移。

---

① 夸美纽斯:扬・阿姆司・夸美纽斯(1592—1670),十七世纪杰出的捷克教育家、资产阶级民主主义教育家,西方近代教育理论的奠基人之一。著有《大教学论》。

② 遗忘规律:德国著名心理学家艾宾浩斯(1850—1909)研究发现,遗忘在学习之后立即开始,而且遗忘的进程并不是均匀的。最初遗忘速度很快,以后逐渐缓慢。他认为"保持和遗忘是时间的函数",并根据他的实验结果绘成描述遗忘进程的曲线,即著名的艾宾浩斯记忆遗忘曲线。

所谓学习的迁移,指在学习过程中,已掌握的各学科知识和技能与新学习的各学科知识和技能之间,存在着某种程度的彼此相互影响的现象。这种影响也可以在同一学科的知识和技能的各部分之间发生。"举一反三"、"触类旁通"、"温故知新"就是学习中的迁移现象。

迁移是学习新知识的必要条件。学习迁移一般分为正迁移和负迁移。正迁移是指"已知"对"新知"的积极影响,如学习了汉语拼音知识,了解了声母和韵母的组合规律,就容易理解联绵词的概念,掌握了联绵词的概念,就容易发现多数联绵词除了声母或韵母相同,部首或形旁也相同,进而对形声字的理解更深刻。负迁移是指已知对新知的消极影响,如掌握了现代汉语语法的人,习惯用汉语语法套用英语语法;同样学了英语语法,有可能对学习汉语语法起干扰作用。

迁移是能力形成的重要环节。一个人的自主学习能力取决于学习迁移。也就是说,没有学习迁移,就无法进行新知识的学习;没有学习迁移,也就没有能力的形成。例如,学习了古汉语知识,再阅读文言文就比较容易;学会了光学知识,再理解摄影的光学原理就比较容易。从这个意义上讲,迁移本身就是能力,缺少这种能力的人在学习新知识时一定会发生困难。

我们常听人说要"促进学习迁移""培养迁移能力"这样的话,其实就是指正迁移。

既然学习迁移有正负之分,其对学习效果的影响又泾渭分明,那么我们就应该创造条件促进正迁移,抑制条件减少负迁移。

影响学习迁移的主要条件也有客观和主观之分。学习迁移的客观条件指学习对象的共同因素,包括目的、观点、原则、原理和内容、方法、态度等。而能否把握学习对象的共同因素,使之向正迁移转化,则取决于学习主体的思维水平,即分析和概括的能力,这种水平或能力就是主观条件。

由此,青少年应该从以下方面把握促进学习迁移的条件和方法:

(1)把握共同因素。即加强基础知识和基本技能的学习。一般基础知识和基本技能所包含的共同因素最多,而它们之中包含的共同因素越多,迁移也就越容易发生。不论是正迁移还是负迁移,都是以共同因素为条件的。

(2)提高概括水平。已有知识和经验的概括化水平越高,越容易产生学习迁移。同样是学习一种知识,有的人就能运用已有的知识、经验而触类旁通,举一反三;有的人不但不能这样做,甚至在别人的指导提示下也力不能及。主要原因之一就是人的思维概括水平存在着差别。因此青少年应当按照科学的知识结构进行学习,提高自己的概括水平,以达到通过对已有知识、经验的概括去认识新事物本质的目的,即实现正迁移。

(3)增强分析能力。分析综合能力和思维概括水平都是青少年学习中不可或缺的条件,两者结合,更有益于实现正迁移。善于根据新问题的特点选择解决方法的人,起码应该知道解决问题的目的和根据是什么,并且能够通过循序渐进地推理,理清事物之间的逻辑关系,找到思考和解决问题的捷径;而分析能力低的人,只会靠盲目尝试和猜测,沿用惯例,死套公式,硬搬法则。可见,分析能力的高低,使解决问题的结果迥然不同。青少年要高度认清增强分析能力的重要意义,以此来推进学习的正迁移。

(4)强化联想训练。联想是学习迁移不可缺少的能力,这种能力可以将学习的某一特定内容或接触的某一特定事物联系起来,实现由一种思维过程向另一种思维过程的迁移。联想能力是创造能力的体现。通过联想,我们就可以在面对新知识的时候,让与新知识有关的知识在头脑中重现,从中"筛选"出所需要的知识,以实现正迁移。缺少联想能力,正迁移的作用往往会受到制约。因此,青少年要高度重视联想能力的训练,以能够进行广泛深入的联想为目标,努力减少负迁移。

(5)慎用思维定势。即防止思维定势的负影响。思维定势是一种习惯的心理准备状态,是由长期的思维方向养成的。换句话说,就是一个人在解决问题时,习惯使用的思路。思维定势在解决相同的学习问题时,有利于正迁移;在解决不同的学习问题时,则可能产生负迁移。因此,青少年要防止产生学习的负迁移,就应该注意慎用思维定势,运用比较的方法,找出解决不同问题的规律。

5.练习的规律

练习是诸多学习方法中有效的方法之一,是学习不可或缺的基本途径。由不懂到懂、由生疏到熟练的过程,一般离不开练习。"熟读唐诗三百首,不会作诗也会吟"就是在强调练习过程的重要作用。

练习不是机械地重复,而是有目的、有步骤、有指导的学习活动。

研究和实践证明,学习中,练习的个体目的明确,其思维的方向、动作的目标才会有针对性。一位教师作过这样的试验,让两组学生同样背诵 3 首古诗,目的明确的一组学生仅用了 1 天时间,就完全背诵下来并默写无误;另一组目标不明确的学生,用了 1 个星期的时间,仍有三分之二的人没能全部背诵并默写下来。这足以说明,目的明确是练习的首要条件。

有步骤的练习,一般需要经历 4 个阶段,即较快提高期、缓慢提高期、高原停顿期和稳定提升期。通常,练习初期,成绩和技能提高较快;一个阶段后,成绩和技能提高开始缓慢,并有明显波动;再往后就会进入成绩和技能进步暂时停顿的"高原期",即成绩和技能的提高进入了徘徊期;过了高原期,成绩和技能又会有一个明显上升的趋势。

掌握了练习进程的这一规律,我们就有了一定的思想准备,不会因为自己在学习中出现了高原现象而灰心丧气,更不会因此失去斗志。青少年要保持清醒的头脑,不因学习成绩的暂时进步而得意忘形,不因学习成绩的暂时停顿而急躁沮丧。只要我们时刻保持一个良好的情绪状态,牢记我们有能力战胜困难,就一定能够顺利突破高原期。

理解高原现象不能过于机械,也有一些特别的情况需要注意。练习的进程先快后慢,这是练习的一般规律,而掌握比较复杂的技能时,则是先慢后快,如学习游泳。所以无论出现哪类情况,注意研究规律、利用规律,都能使自己练习的成效得以显现。

练习的成效依赖于某些知识的指导,因此练习前,必须掌握相关的知识。例如,练习写作,先要学会遣词造句和结构文章的知识;做好一道数学题,先要懂得某些数学公式;往电脑中输入一段文字,起码要掌握一种文字输入法。由此可知,缺少一定的知识指导的练习,结果只能是盲目的无效的。

此外,练习还需要正确的方法、积极的思维、顽强的意志和足够的时间以及多样化的方式等,他人的示范指导也对练习具有积极意义。

二、遵守学习的原则

故事引路

我的一位朋友喜欢爬山,可我发现,他只爬一座山,一座我们这里最高的山,而且从没有爬上过这座山的山顶。

那天我特意与他结伴,爬那座山。当我们爬到半山腰时,他突然失足滚下山去。

休整了几天,我决定再约他爬山。

"不行,我的脚脖子痛。"他拒绝了。

"那好,你再休息两天,我们先爬最小的那座土山,应该没问题。"

他点点头。我清楚了,他拒绝同我一起爬那座他从没爬上过山顶的山,只好同意陪我爬那个他从不爬的小土山。

两天后,我俩站在小土山的山顶。我指着绿色的田野、澄碧的河流、静寂的村庄,故意说:"只有登上山顶,周围的世界才会一览无遗。"他的眼中现出一种迷茫和惊惧交织的难以捉摸的色彩,却什么都没说。

"爬山应该是这样一种运动,既征服了自然,又征服了自己。而征服自己,有时比征服自然还难。"我像个哲学家,大谈自己登山的感想。

"别说了,"他突然大声说,"我是个懦夫,我从来不敢爬上那座山顶,我怕山那边的景象与我想象中的不一样。"

"我知道,但山那边的景象绝不因为我们害怕就不存在,我们总不能在想象中生活一辈子。"我感觉到我的朋友开始动摇了。

"你一定登上过那个山顶,山的那边是什么?"他这样问,我从他的眼中看到了绝望和期待。

"你登上山顶,自己找答案吧!"我丢下这句话,快步向山下走去。

第二天,他独自一人爬上了那座大山的山顶。我清楚,山的那边,有一个他从没有见过的堰塞湖,湖光山色,美得无法形容。

心理按摩

爬山有个原则,即突破。

需要突破的内容很多,如自己限定的目标、自己习惯的登山方法、自己熟悉的登山路线、自己不敢逾越的体力极限等等。不敢突破,山中的秘密无法知晓,山顶的风光无法领略,自己的能力也无法证实。

学习如同爬山。

健康护照

青少年这个年龄段所涵盖的差异较大,从小学到大学,学校学习的各个阶段都包括在内。而学习本身就是因人而异的,不同的人有不同的学习特点,不同的阶段有不同阶段的特点。因此,在学习中,青少年完全可以根据自己的实际情况采取不同的措施。但是有些学习的共同原则还是应该严格遵守的。

1.自觉性原则

要想学习活动有效,个体必须使学习成为一种自觉的行为。自觉是心理活动的状态，就是要在学习中发挥心理的能动作用。学习任务的完成，主要依靠自觉性来保证。自觉的基础是学习目标的明确和学习兴趣的浓厚。自觉者，学习的动力增强，否则就会减弱。有些青少年学习目的不明确，因此把学习当成了一种负担，久而久之就产生了厌倦情绪。学习没了兴趣，学习效果自然不佳。所以，明确学习目的、端正学习态度、浓厚学习兴趣，培养自觉性，这是保证学习效果的前提。

2.主动性原则

主动性指的是学习有热情，处于积极的心理状态。"敏而好学，不耻下问"，就是积极主动的表现。做任何事情，积极主动是取得成功的必要条件，学习也不例外。学习是一个自觉的、积极的、主动的过程，青少年应该做学习过程的主体，积极主动地探求知识，不断激发学习动因，调动学习的积极性和主动性。而这也正是有效学习的主观条件。

3.独立性原则

独立性指的是学习有主见，不盲从，不唯书本，不人云亦云，能独立完成学习任务，不轻易受群体因素的影响。调查表明，著名的科学家都具备这样的特征。青少年培养独立精神，学会独立思考，学会独立分析问题和解决问题，进而激发出自己的创造潜力，就有信心完全依靠自己独立的智慧去获取知识、创造财富。学习的独立性，是创造性的基础；同理，不会提出问题，就不会解决问题。这也是青少年有效学习必须具备的品质。

4.循序性原则

循序性指的是学习要按照科学知识的体系和个体的智能条件，有系统有步骤地进行。所谓循序渐进，就是强调这一原则。任何学科的知识都有一个体系，这个体系基本上是由简到繁、由浅入深的；人的认识活动一般也是一个由表及里、由具体到抽象、由感性到理性的过程；人的大脑皮层形成暂时联系也具有一定的系统性，即由单一的暂时联系，到多级的暂时联系，再到复杂的联系系统，在已有的暂时联系的基础上去建立新的联系，并把新的联系纳入已有的暂时联系统之中。学习者,特别是青少年,必须遵循这些规律,循序渐进,以至成功。

5.结合性原则

结合性指的是学习要遵照记忆与思维结合的规律进行。记忆是思维的基础,思维是记忆的条件,二者联系密切、相辅相成。青少年遵循这一规律,就能做到熟读与精思结合、博学与专修结合、理论与实践结合,使自己的学习基础扎实,涉猎广泛,博专统一,知行统一,最终成为一名好学乐学会学的成功者。

三、把握学习的方法

故事引路

一个大富翁患了眼疾,请人前来看病。来人看后对他说:"没什么大毛病,除了绿色外,其它颜色别看,过一段时间就好了。"富翁吩咐手下买了一车绿漆,把房间、家具等所有物品统统漆成绿色,身边的人也改穿绿衣。过了几天,那人回访富翁,一见面,富翁马上让手下人把绿漆刷到来人身上。那人急忙跳开,奇怪地问:"这是干什么呀?"富翁回答道:"你不是只让我看绿色吗?你今天穿的是红色呀!"来人问:"你能将世上所有的物品都漆成绿色吗?为什么不用最简单的方法来解决问题呢?"富翁惊奇地说:"难道还有什么更好的方法吗?""去买一付绿色的眼镜戴上。"闻听此言,富翁呆呆地说不出话来。

心理按摩

人们常常忘记，最复杂的问题也有最简单的解决办法。方法不对，愚蠢的行动就可能随之发生。类似的故事，我国古代的寓言中就有，如"刻舟求剑"：

> 楚人有涉江者，其剑自舟中坠于水，遽契其舟，曰："是吾剑之所从坠。"舟止，从其所契者入水求之。舟已行矣，而剑不行，求剑若此，不亦惑乎？

这段话的意思是，楚国有个渡江的人，他的剑从船上掉到水里，马上就在船帮上刻上一个记号，说："这是我的剑掉下去的地方。"船停下来，他就从他刻记号的地方下水寻找那把剑。船已经走了，剑却没有走，用这样的方法找剑，不也太糊涂了吗？

可见，学习不讲方法，不仅仅是劳而无功。

健康护照

时至今日，前人已经为我们总结了许多有效的学习方法，就青少年而言，下面几种方法值得借鉴：

1. 阅读法

分广读与精读。阅读是自主学习不可或缺的方法。我们不能仅仅只靠他人的灌输来获取知识，自学是一个人必须具备的能力。自学的基础是阅读。广泛阅读可以解决大量涉猎知识的问题，而且是解决这一问题的主要渠道。那些基础性的知识，经常使用，则需要精读。精读则熟，熟方可信手拈来。

青少年储备知识的前提条件，首先是阅读。因为其他渠道都不如阅读来得直接、快捷。掌握了阅读的技巧，就可以自己主动地去学习、去探索、去获取。

2. 模仿法

所谓模仿,就是按照一定的模式去学习。模仿是青少年学习中不可缺少的学习方法,分为有意模仿和无意模仿两种方式。有意模仿是主动的,无意模仿是被动的。有意模仿是怀着某种意图去观察学习,而不是依样画葫芦;是在消化理解的基础上,开动脑筋,提出自己的见解和看法,而不是机械地复制。模仿的目的是创新,而不拘泥于已有的框框,不囿于现成的模式。

青少年应尽可能地进行创造性模仿,尽量减少对他人模式的重复。

3. 纠误法

纠误,顾名思义,就是纠正错误。在学习过程中,我们会经历许多失误,有意的尝试纠正这些错误,成功的机会就不断增加。学习是有意识有目的的活动,因此当学习过程中出现了错误的时候,要善于开动脑筋,大胆假设,小心求证,争取减少失误,必要时可以寻求他人的帮助或指导,以达到事半功倍的效果。

对青少年来说,纠误的常见方式是准备一个纠错本,把学习中出现错误的原因和纠正的方法记录下来,并在不断总结经验的基础上,获得启发。

4. 比较法

比较不是简单的类比,而是将学习的新知识与已知的同类或不同类的知识进行比较,从中找出相同或不同的规律。类比只是抓住新旧知识的本质联系而进行的比较,而这里说的比较,是除此之外,还有目的、有计划地将有关新旧知识的不同属性进行比较,即就新旧知识在某些属性上非联系的部分进行比较,从中发现不同点,以利于区别对待、有的放矢。如学习概念或结构方面的知识,就可以引进比较的方法。

比较法的作用,既可以发现问题、释解疑问,又可以推动思维、证实结论。

5. 发现法

发现法是利用青少年学习过程中的好奇心的合理性因素,来调动了解新知识的强烈动机和愿望的学习方法。这是美国心理学家杰罗姆·布鲁纳①所倡导的方法。具体说，就是围绕着一定的学习内容，通过学习者积极的思维活动，亲自探究和主动发现，对学习的内容产生了新的领悟，从而得出了相应的结论。与其他方法不同的是，发现法一般在有人指导的情况下进行，效果最佳。其作用是：有人指导，则目的明确，可以少走弯路；再则学习中不确定的疑问可以被分解，以激起探究的欲望；还可以提供被发现的依据，提出解决疑问的假设，引导证实结论的思维等，这便于发挥智力的潜能。

发现法也是课堂教学中教师鼓励学生通过发现增强信心的常用方法。

6.复习法

复习是巩固已学知识不可缺少的学习方法。需要长时间保留在记忆中的知识，必须通过反复学习才能巩固。复习与练习是不可分割的，如课堂上学习的内容，必须先通过复习消化，再通过相应的练习加以巩固。复习工作必须经常进行，每一学习的内容结束后，应将所学知识进行概括整理，使之系统化、深刻化。

复习法是打通记忆高速公路联结点的途径，是巩固记忆效果的常用方法。青少年要高度重视和充分利用复习法，使自己学习的知识得以全面系统地巩固。所谓熟能生巧，就是在强调复习的作用。

---

① 杰罗姆·布鲁纳：生于1915年10月，美国著名的心理学家、教育家。他是认知心理学的先驱，是致力于将心理学原理实践于教育的典型代表，也是被誉为杜威之后对美国教育影响最大的人。

四、维护大脑的活力

故事引路

王勃与杨炯、卢照邻、骆宾王齐名（海内称为王杨卢骆，号为四杰），是初唐诗坛上一位非常有才华的诗人。

王勃诗文俱佳，不愧为四杰之冠。他的五言律诗《送杜少府之任蜀州》，成为中国诗歌史上的杰作，久为人们所传诵，"海内存知己，天涯若比邻"已成为千古名句，至今常被人们引用。而王勃最为人所称道、千百年来被传为佳话的，是他在滕王阁即席所赋《滕王阁序》。

上元二年（675年）秋，王勃前往交趾看望父亲，路过南昌时，正赶上都督阎伯屿新修滕王阁成，重阳日在滕王阁大宴宾客。王勃前往拜见，阎都督早闻他的名气，便请他也参加宴会。阎都督此次宴客，是为了向大家夸耀女婿孟学士的才学。让女婿事先准备好一篇序文，在席间当作即兴所作书写给大家看。宴会上，阎都督让人拿出纸笔，假意请诸人为这次盛会作序。大家知道他的用意，所以都推辞不写，而王勃以一个二十几岁的青年晚辈，竟不推辞，接过纸笔，当众挥笔而书。阎都督老大不高兴，拂衣而起，转入帐后，叫人去看王勃写些什么。听说王勃开首写道"豫章故郡，洪都新府"，都督便说：不过是老生常谈。又闻"星分翼轸，地接衡庐"，沉吟不语。等听到"落霞与孤鹜齐飞，秋水共长天一色"，都督不得不叹服道："此真天才，当垂不朽！"

心理按摩

王勃文思敏捷,滕王阁上即兴而赋千古名篇,并非虚传。《唐才子传》记道:"勃欣然对客操觚,顷刻而就,文不加点,满座大惊。"王勃自幼聪慧好学,为时人所公认。《旧唐书》记载:"六岁解属文,构思无滞,词情英迈,与兄才藻相类,父友杜易简常称之曰:此王氏三珠树也。"又有杨炯《王勃集序》说:"九岁读颜氏《汉书》,撰《指瑕》十卷。十岁包综六经,成乎期月,悬然天得,自符音训。时师百年之学,旬日兼之,昔人千载之机,立谈可见。"太常伯刘公称王勃为神童。唐高宗麟德元年(664年),王勃上书右相刘祥道,中有"所以慷慨于君侯者,有气存乎心耳"之语,求刘祥道表荐。刘即表荐于朝,王勃乃应麟德三年(666年)制科,对策高第,被授予朝散郎之职。此时的王勃,才14岁,尚是一少年。

由此可知,王勃自幼善于用脑,才有神童之谓。历史上像王勃这样善于激发大脑活力而早显才华的少年有很多,如三国时的周瑜18岁就指挥东吴千军万马,奥地利的莫扎特7岁就在巴黎举办了个人音乐会……

可见,维护大脑的活力,对人生意义重大。

健康护照

青少年都希望自己是一个真正会学习、高效学习的人。要做到这一点,其实不难。要清楚,高效学习的过程就是一个科学用脑的过程,只要充分掌握了科学用脑的基本要领,就明白了应该如何做,才能维护大脑健康,使大脑充满活力。维护了大脑的活力,提高了脑力劳动功效,学习的目标自然容易达成。

1.遵循规律,张弛有节

经常听说怕把大脑累坏了的话,其实这种担心是没必要的。人脑的活力是激发出来的。所谓激发,就是指脑细胞的充分、合理运用。人脑保持活力的关键在于运用大脑,不用的大脑无论多么健康,也与活力无关。所以大脑活力的激发与维护,要突出一个"用"字。科学研究证明,人脑与人的四肢一样,都存在着"用进废退"的现象,而且已经成了伴随人类进化的一条无法回避的规律。所谓"用",即让大脑输入大量的信息,促使脑细胞的分化、发育加速,脑细胞在大量复杂的信息的刺激下活动增强而不断完善,脑的活力就会得到保持。所以,聪明的头脑是练出来的,这个说法也很有市场。但是,张弛有度地使用大脑,也是保持大脑活力持续的前提。不间断地用脑任何人都无法实现,因为大脑皮层兴奋与抑制的平衡是不能被破坏的,否则可能产生生理性的保护抑制,使脑细胞活动减弱。我们一般把脑细胞的活动减弱现象称作脑疲劳。大脑处于疲劳状态,信息的接收和处理能力就会减弱,活力就释放不出来。因此,适当的休息也是维护大脑活力不可或缺的条件。总之,用而有度,张弛有节,大脑才会永葆活力。

2.改善环境,加强防护

目前,现代化步伐加快,科技设备、电子产品的使用越来越多,环境中影响脑力活动的因素也随之增加。青少年接受新事物快,使用各种电子信息器材的情况也比较普遍,受到电磁辐射的概率也相对增加。因此加强辐射对大脑造成的伤害的防护,已经成了维护脑力的重要措施之一。同时影响脑力的其他环境因素也是不可小觑的,如噪音、照明不足、通风不畅等。中小学生的学习任务繁重,影响脑力的环境因素一定要加以改善。

3.增强运动,保证睡眠

体育锻炼和文娱活动对大脑来说是一种积极的休息,能调节大脑继续有效地工作。体育锻炼对促进身体健康的意义尽人皆知,身体健康是大脑保持活力的前提,所以青少年一定要保证每天不少于1

小时的体育锻炼。另外，避免睡眠剥夺①也是保证大脑工作的重要因素。青少年正处于生长发育的关键时期，保持充足的睡眠是保证生长发育的需要。睡眠量的正常与否，不仅对脑力的能否维持有直接的关系，而且对能否长期维持身体健康也有必然的联系。何况，消除疲劳，恢复脑力依赖健康的身体。所以，青少年一定要防止睡眠剥夺现象出现，只有精力充沛，才可能科学地发挥大脑的工作潜能。

4.注意营养，稳定情绪

脑是人高级神经活动的中枢、思想的器官，科学地用脑，还应注意营养的补给。为了保证脑的功能，大脑所需的各种营养的摄入是十分必要的。营养的缺失引起的脑力衰退，对人的学习、工作等目标的达成影响很大，所以应注意饮食结构的合理性，以维持大脑营养的正常供给。情绪稳定也是保证用脑功效的一个重要因素，轻松愉快的心情不仅能松弛精神紧张，恢复心理平衡，提高工作效率，而且能保持旺盛的精力，取得事业的成功。

---

①　睡眠剥夺：指某种原因导致的正常睡眠量的减少或丧失，也称作觉醒。医学研究表明，人体连续处于觉醒状态超过 24 小时，脑力和体力均会下降，工作效率降低 25 ％；若这种状况持久，则脑力等可逐步衰退，甚至出现功能障碍。

第七讲 青少年如何看待爱情

一、什么是爱情

故事引路

一位 68 岁的高位截瘫老人,用 500 个日夜创作出了一部 21 万字的爱情小说《荒山野岭》,送给自己的爱人。他就是海南省海口市琼山区三门坡镇的黄守培。

22 岁时,孤儿黄守培在流浪到琼山大坡公社树德大队林场时认识了善良的姑娘黄秀兰,两年后两人历经苦难终于走到一起。

22 年前的一天,黄守培因意外摔伤瘫痪。那时他绝望了,自备了一条绳子,准备自杀,最后被黄秀兰发现,在她流着泪苦苦哀求下,才放弃了轻生的念头。黄守培多次提出离婚,黄秀兰仍不离不弃,悉心地照顾他。他瘫痪在床 22 年,妻子黄秀兰从没离开他到娘家住过一个晚上。他相继得过褥疮、肝炎、胃病、前列腺炎等疾病,陪伴他战胜疾病走出困境的是妻子黄秀兰。现年 60 岁的妻子为了照顾他,42 岁就累白了头。

黄守培无法回报妻子数十年如一日不离不弃的爱,才想到用文字来纪念这段刻骨铭心的爱情。从 2005 年 9 月起,黄守培躺在病床上,以一块几寸宽的薄木板代替桌子,用一支钢笔,开始了艰难的创作。其间,妻子劝他为了身体着想放弃写作,但他始终咬牙坚持。

心理按摩

丈夫瘫痪在床22年,妻子不离不弃22年,这就是我们常说的爱情——伟大的爱情。

爱情是人类诸多情感当中的一种健康情感,是人应该面对的复杂的情感之一。其中因其复杂并与婚姻有着密切的关系,"成年"就成了面对爱情的最基本的条件,亦即思想感情的成熟、身心发育的成熟是获得和享受爱情的前提,能否承担相关的责任和义务是爱情能否发展的必要条件。

健康护照

如果给爱情下个定义,许多人都会很为难,因为越是大家都以为熟悉的事物,就越有可能是大家都没有真正了解的事物。现在我们只能这样认为:爱情是成年异性之间彼此倾慕并渴望双方互为终身伴侣的强烈、稳定、专一的情感。

首先,爱情是人类的一种高尚的情感,属于异性之间的、精神层面的情感。之所以这样强调,是因为爱情产生的前提是以异性个体为依据的,是对异性个体倾慕的结果;这种结果是以精神层面的审美为基础的,且这种审美是相互的,否则就不是爱情。

其次,爱情的生成过程伴随着生理的吸引,直接结果是欲望的满足,即生理的满足和心理的满足的统一。这是完整的爱情的依据,一般人们称之为灵与肉的统一。单纯追求生理满足和单纯强调精神追求,都不是完整的爱情——前者陷入了动物的范围,属于兽性;后者歪曲了爱情的真谛,属于禁欲主义。获得完整爱情的前提,是生理的发育和心理的发育均达到了成熟的状态,一般以法定的成人阶段的到来为标志,提前则被视为早恋。

再次,爱情是婚姻的前奏,爱情发展的最终结果是婚姻。婚姻具有社会属性,涉及道德、法律,责任、义务,情感、理智,审美、价值等多种因素,尤其是婚姻会产生新生命的普遍性特征,决定了婚姻以物质为基础的特性,是发展爱情的男女必须面对的。所以,爱情是成人才可以享有的情感,而未成年人是没有能力承担与爱情相关的社会责任的。

二、走出恋爱的误区

故事引路

他学习优秀,还不到16周岁,就接任了学生会副主席的职务。从那天起,他常常和学生会的文艺部长接触,渐渐地喜欢上了这位女同学。情窦初开,他压抑不住自己的情感,给那位心仪的女同学写了一封情书。他想到过她可能拒绝,但他没想到她会在见到情书的那一刻,鄙夷地看了他一眼,竟然把他的情书贴到了学校的宣传栏里。

那一刻,他所有的希望都化为泡影,被一阵刺痛所代替。他实在承受不住这样的打击,决意退学。

他在社会上闯荡了一年,没有"成年"的他处处碰壁。在一次次的碰壁中,他终于清醒,重新回到了原来的学校。

心理按摩

我们已经知道,爱情是成年人才可得到和享受的情感,而未成年人是不宜面对爱情的。否则,很容易走进恋爱的误区。故事中的"他",就是一个走入恋爱误区并遭受重大挫折的人。未成年,就是他不能正视这一切的原因;差一点毁了学业,就是他走进恋爱误区的代价。

还好,"他"终于清醒了,没有因此自暴自弃,这倒是值得庆幸的。

健康护照

所谓误区,就是较长时间形成的某种错误认识或错误做法。人生的误区有很多,恋爱只是其中之一。就青少年而言,弄清了恋爱的误区有哪些,既可以防止盲目走进去,又可以警示误入者及早走出来,其意义非常。

1. 早恋

所谓早恋,是客观上外界对恋爱的主体在年龄、心理、生理、道德观念等方面的不认可,即客体对个体过早恋爱行为的不接纳。也就是说,判断"早恋"的依据,并不只是年龄,还有生理、心理、社会意识以及承受情感的能力等多个方面。青少年一般在经济上还不能独立,无法凭借自己的能力解决以物质为基础的爱情承诺问题,也无力兑现与爱情相关的义务和责任。这就意味着,在这些问题还没有解决之前,青少年还不具备恋爱的条件和资格。一个人连做某一件事的条件和资格都不具备,却急于提前去做这件事,就可称之为"早"。

其实我们都明白,人生应该在不同的阶段做好那个阶段该做的事情,比如学习阶段就应该致力于学习。换句话说,恋爱属于明天的事,把明天的烦恼提前到今天来,这是不明智的。所以有人说,早恋是一朵不结果实的花,即使结果,也是一枚酸涩之果。

"不要在爱情还不属于自己的时候强行去摘一枚酸涩之果",就是在强调早恋对青少年的学习、生活和身心发展的影响和危害。

(1)早恋影响学习生活。有句话说得好:不要去看远处模糊的东西,而要动手做眼前清楚的事情。对于青少年来讲,"恋爱"就是远处模糊的东西,而眼前清楚的事情就是学习。青少年在中小学阶段的主要任务是学习,这是毋庸置疑的。为个人的发展奠定基础,为服务社会储备知识,学习的意义决定了学习的专注性特征。而早恋者往往以恋爱为中心,不能一心一意关注学习;恋爱对象的一举一动都可能牵制自己的情感,无法集中精力学习;早恋双方交往谨小慎微的隐蔽状态,也必然分散学习精力。

(2)早恋容易伤害心灵。青少年思想的不稳定、心理的不成熟、情感的脆弱,使恋爱双方容易在感情的波折中受到伤害。因为抗挫折能力不强,有的青少年因早恋受挫怀疑爱情,给自己的感情生活投下阴影,影响成年后的婚姻生活;有的青少年因早恋受挫怀疑人生,甚至走向极端,造成了人生的悲剧。

(3)早恋容易损害身体。有些青少年早恋缘于生理上的早熟,而性意识萌发,对异性欲望强烈,容易激动,感情难以自控,行为容易冲动而不计行为后果,导致未婚性行为或未婚先孕等情况出现。其中女性不仅在心理上担惊受怕,而且在身体上还会承受痛苦,甚至对成年后感情生活的影响极大。

(4)早恋影响婚姻幸福。调查显示,早恋难以走进婚姻殿堂,因为早恋的盲目性和不成熟性。即使早恋者没有受到父母和学校的干预,幼稚的情感也是难以持久的。因为导致早恋双方产生裂痕的因素很多,如升学、转学、工作、经济状况等诸多因素都使早恋的情感不能维系。而这段早恋的经历对今后的婚姻生活有着不可低估的影响。如有的人摆脱不掉早恋失败的阴影,使自己的婚姻生活不和谐;有的人由于早恋造成生理上的伤害,直接影响了自己一生的婚姻生活和家庭幸福。

总之,早恋弊大于利。该学习时想谈恋爱,该恋爱时又想学习,确有一些人总是弄不清人生各个阶段的主要任务是什么,常常在悔恨中度日。青少年无事业根基和经济基础,无能力承担与爱情相关的责任与义务,却有人生中最旺盛的精力和最强的记忆力,是应该用这段最佳时期谈恋爱,还是用来学习科学文化知识,为今后长远发展奠定良好基础,大概不是什么太难选择的问题。

2. 单相思

所谓单相思,指男女之间仅一方对另一方爱慕并投入感情。恋爱是男女双方的感情交流,如果只是一方投入感情,而另一方毫不投入,形不成交流,就不是恋爱。单相思主要表现为一厢情愿地默默地倾慕对方,且希望被接受的愿望强烈、迫切。因此,陷入单相思的一方在遭到拒绝后,无法接受现实,容易产生心理障碍。

单相思形成的原因主要是爱情错觉和理想模式。爱情错觉即一方把男女间正常的交往(如同学、朋友间的关怀和友谊)误解为爱情,独自陶醉于遐想的"爱情"中不能自拔;理想模式即一方对在容貌、才华、气质、风度等方面与自己心中的理想模式(如"白雪公主"或"白马王子")相吻合的个体产生了难以抑制的爱慕之情,却没有引起对方的感情共鸣。

单相思损害人的身心健康。陷入单相思者,情绪低落黯然,对眼前的一切事物漠不关心,心情处于压抑状态,多烦躁不安,敏感多疑;或性格变得孤僻,失眠厌食,注意力下降,学习、工作效率降低;严重的造成忧郁症,或因此对爱情失去兴趣和信心,或对异性产生仇视心理,造成人生悲剧。

如何从单相思的痛苦中摆脱出来呢?

(1)要学会划清友谊与爱情的界限。有些青少年错把友谊当爱情,过分自信,缺乏对异性的态度和行为进行客观的分析判断的能力。因此,只有克服盲目自信,提醒自己与异性同学保持友谊层面上的交往,才能防止产生爱情错觉。一旦意识到自己的确产生了错觉,就应停止单相思,决不让自己在有损身心健康的危险道路上继续下滑,否则悔之晚矣。

(2)要学会与异性常态交往的技巧。与异性交往，心态固然重要，但技巧也不是可有可无的。有什么样的心态，就会采用什么样的交往方式；所以与异性交往，保持常态是关键。一个人能够保持一个常态心理，就能够保证将所学习的交往技巧娴熟运用，以避免用不适当的方式传递自己的愿望。如果发现自己由于认知偏差陷入了单相思的尴尬境地，就更要敢于和异性进行正常接触和交往，以消除因此可能产生的误解、猜忌或伤害。与异性保持常态交往，可以检验自己的认知是否存在偏差，该用什么方式矫正这些偏差，从而避免方式不当导致的交往伤害。

(3)要学会积极进行情感转移。人是一种感情动物，与谁接触多了，就容易与谁产生感情。同性如此，异性更如此。因此除了学会与异性保持一定的"距离"之外，还要学会情感转移。要清楚，感情是受理智制约的。一旦发现自己有单相思倾向，就应该积极进行情感转移，及时找到新的情感寄托，防止陷入单相思的泥淖。有些青少年不顾现实，不听忠告，执意追求自己爱慕的异性，所表现的追求爱情的勇敢精神是可嘉的，但结果常常是得不偿失的。用不达目的决不罢休的劲头来从事物质作业可行，来从事感情作业却不一定行。这样的认知出现了偏差，爱情得不到是小事，自我身心受到了伤害却是大事。

3. 失恋

所谓失恋，就是个体失去了曾经爱恋的一方的情感共鸣，即恋爱的一方失去了另一方的爱情。无论是早恋还是单相思，归根到底都与不理智有关；而早恋者的失恋，则是不理智基础上的不理智。恋爱原本就不是单方面的事情，而是以双方的感情为基础的。有些青少年根本不能认清这一点，一厢情愿地爱慕对方，一旦得不到或失去对方的感情呼应，就痛苦不堪，情绪反应过于强烈，这就是失恋状态。

按理说，被社会接受的恋爱遇到了波折出现失恋状况时，有伤心痛苦等情绪反应是正常的；只有失恋后进入情绪的疯狂状态，才是不理智或失去理智的。但是早恋原本就不是被社会普遍认可的恋爱，因此失恋后出现的任何状态，都应该被视作不理智的。有些青少年由于心智不成熟,失恋后万念俱灰,痛不欲生或长期失魂落魄,这种状态不仅影响正常的学习,损害身心健康,而且有可能断送自己的前程,这就属于失去理智的。

怎样防止失恋呢?

(1)珍惜感情,不早恋。对于青少年来说,学习阶段就一心一意学习,不早恋。失恋的前提是有"恋",无"恋"则不"失恋",不早恋就能预防失恋。凡是早恋,基本会遇到波折,因为早恋本身就有违现代文明和道德,所以青少年更应做到不早恋,学会压抑自己的感情,不做因早恋而使自己后悔的事。要清楚,珍惜感情就是珍重自己的人格,不早恋就是自尊、自爱、自信、自强。

(2)追求事业,不盲目。要正确认识恋爱的意义及其在人生中的位置。学习、爱情、婚姻、家庭、事业都是人生的大事,而恋爱只是婚姻的基础,是追求爱情并使之走向婚姻的过程,无论多么重要,也并非人生的头等大事,更不是人生的全部内容。人生应该以事业为重,要做个有理想有抱负的青少年,就应该先学习科学文化知识,为从事某项事业打好基础,切不可盲目恋爱。恋爱是自然的、水到渠成的、不可强求的,否则可能会妨碍事业。

(3)认清原因,不强求。爱情本身是需要两个人共同去珍惜的,失恋就意味着对方的情感发生了变故而自己却不能正视这一变化。恋爱本身没有对错,而失恋是错在自己,即错在对方的感情转化了自己却不能正视,还拿痛苦来惩罚自己。所以认清失恋的原因,就不要强求爱情,要理智地对待自己的情感。要活在现实,不要在年轻时把时间浪费在感情上,而应该把精力投入到能充分实现自身价值的事业中和对生活的热爱上去,让自己的人生充满幸福。

第八讲　青少年如何确立自我意识

一、自我意识的表现形式

故事引路

　　晋朝有个少年叫周处，其父是三国时期吴国的大将军。那时，周处跟随母亲住在乡下，力气超人，会骑马射箭，本领高强，仗着家中的权势，横行乡里，惹是生非，人们都恨他。

　　有一天，周处到村外游玩，见田野中庄稼长势喜人，可农人一脸愁苦。他大为不解，便问一位老者。老者叹气说："年成虽好，可乡里有三害，怎么能快活起来呢！"周处忙问有哪三害，老者说："南山上有只白额猛虎，长桥下有条大蟒蛇，这两个畜牲害死了不少人命，此乃两害。"周处追问第三害，老者说："那第三害，就是你呀！你骑马打猎，撞伤了人，踏坏了庄稼，全都不管，大家怕你家的势力，不敢得罪你，真是有苦没处说呀！"闻听此言，周处又惭愧又难过，决心为乡里除掉这三害。他跑到南山上弯弓搭箭射死了猛虎，又仗剑来到长桥下杀死了巨蟒。剩下一害就是自己了，他决心改邪归正，就拜大文学家陆云为师，学习写文章和做人的道理。从此，周处成了老百姓喜爱的少年。

心理按摩

古希腊大哲学家苏格拉底创办了一所学校,在这个学校的门口立着这样一块牌子:"认识你自己"。仅仅五个字道出了一个千百年来困扰着一代又一代人的命题。当我们避开外界的喧嚣,静下心来,常常发现令我们困惑最多的不是别人而是自己。宁静的夜晚,仰望着深邃的天空,我们可能会扪心自问:"我究竟是怎样的一个人?""在大社会里、小环境中我究竟处在什么样的位置?""我行不行呀?""别人怎样看待我呢?""我应当成为怎样一个人呢?""我怎样改变现状成为理想中的那种人呢?"通俗地说,这些就叫做自我意识。周处除三害的故事就印证了这一点。

健康护照

所谓自我意识,指个体对自己的认识和评价。这种认识和评价包括各种身心状态(如心理倾向、个性心理特征和心理过程)和对环境关系(如个体周围客观环境和他人的影响、作用以及自身在客观世界中的地位、责任、力量)的认识、体验和评价。

具体地说,自我意识包括生理的自我、心理的自我和社会的自我三部分内容。其中生理的自我指个体对自己身体、生理状态的认识和评价,心理的自我指个体对自己的心理活动、个性特点、心理品质的认识和评价,社会的自我指个体对自身与外界客观事物和人的关系的认识、体验和评价。自我意识是人类特有的反映形式,具有自我控制和调节思想和行为的作用。

自我意识的表现形式主要有:

1. 自我认识

自我认识是自我意识的首要认知成分,也是自我调节控制的心理基础,包括自我感觉、自我概念、自我观察、自我分析和自我评价等心理成分。

自我概念包括现实自我、投射自我和理想自我等三个方面。现实自我是个体纯粹站在自己的立场上对现实中自我的各种特征(如躯体、行为、人格、角色等特点)的认识,极具主观性色彩;投射自我是个体所形成的他人对自己的认识,当这一认识与现实自我之间产生较大距离时,个体便会有自己不被他人理解的感觉,多数主体与客体之间产生隔阂皆源于现实自我与投射自我不一致;理想自我是个体依照自己的意愿构建的未来自我的理想标准,是个体的现实自我发展和完善的导引和推力,是现实自我理想化的目标定位。

自我分析是个体在自我观察的基础上对自身状况的反思。

自我评价是个体对自己能力、品德、行为等方面社会价值的评判。自我评价是自我认识的核心成分,是自我认识的水平体现。

2.自我体验

自我体验是自我意识在情感方面的表现,是个体在自我评价的基础上对评价结果是否符合自己的需要所产生的一种情感体验。

自爱、自尊、自信、自卑、羞耻、责任、优越等心理感觉是自我体验的具体内容。

自尊心是个体在社会比较过程中,所获得的有关自我价值的积极的评价与体验;自信心是个体对自己的能力能够适合所承担的任务而产生的自我体验;责任心亦称责任感,是个体自觉某项事情属于自己分内应做的且应该做好的心理体验;优越感是个体在与客体的比较中自我感觉优秀的心理体验。

3.自我调节

自我调节是自我意识的意志成分,是在自我评价指导和自我体验推动下,个体为达到理想自我的目标,而对自己心理行为的自觉和有目的调节、控制,包括自我检查、自我监督、自我控制等心理成分。

自我检查是个体将自己的活动结果与活动目的加以比较、对照的过程;自我监督是个体以其内在的行为准则对自己的言行实行监督的过程;自我控制是个体对自身心理与行为的主动的掌握。

　　自我调节是自我意识中直接作用于个体行为的环节,它是一个人自我教育、自我发展的重要机制。自我调节的实现是自我意识的能动性质的表现。自我意识的调节作用,集中体现自我意识在改造主体和主客体相互关系中的主观能动性,具体表现为:启动或制止行为,心理活动的转移,心理过程的加速或减速,积极性的加强或减弱,动机的协调,根据所拟订的计划监督检查行动,动作的协调一致等。

4. 自我实现

　　自我实现是自我意识的意志成分的延续部分,即自我意识的成熟阶段。在现实生活中,每一个人都需要发挥自己的潜力,都需要表现自己的才能,而这些又必须通过自我评价和理想自我的构建,以及由此产生的自我体验、自我调节控制和不断自我修养、磨炼来达成。亦即自我意识达到自我完善的状态。按照心理学家马斯洛[①]的观点,就是:自我实现是心理最健康和心理质量最佳的标志。

　　自我实现是对生命感到满意、能发挥潜能又具有创造力的人的共通点。研究表明,每个人天生均具有自我实现的倾向,只是这种高层次的心理需要必须建立在低层次的需求(如安全感)获得满足的基础上。个体自我实现的价值多以结果为衡量标准,因为结果是自我实现的价值的集中体现,而过程常常掩盖了自我实现的价值。因此,并非具有自我实现倾向的人,都能够满足自我实现的愿望。

---

　　① 马斯洛(1908—1970):美国心理学家,犹太人。他提出了融合精神分析心理学和行为主义心理学的人本主义心理学,主要著作是《动机与人格》、《存在心理学探索》等,其需要层次理论影响广泛。

二、自我意识的心理意义

故事引路

他 11 岁接触《大航海时代》，开始痴迷游戏。他靠玩《大航海时代》扮演商人"到世界各地做贸易"，几乎可以背下整个世界地图。

为制止他玩游戏，父母把他的电脑拆开，把零件藏在衣柜顶上和汽车的后备箱里……他能半个小时内把零件找齐并组装好，玩过之后再拆分放回原处，而从未让父母发现过。

他 14 岁制作了第一款游戏；18 岁改变美国网游，吸引了不少玩家；大二辍学专攻游戏开发，创立锦天科技发展有限责任公司。不到 5 年，他带领团队研发出《传说》《风云》两款国内先进的 3D 网游。

刚进大学时，他目标很明确：学计算机，为了将来研发游戏做好准备。可是大学课程并不是他想象的那样。第一个学期他发现，老师讲的东西他早就知道了；第二个学期他发现，老师讲的东西"早就过时了"。他不想待在学校里耽误时间，他觉得在网上反而可以获得最前沿、最实用的知识。可是那时他年纪还小，对走进社会十分恐惧。

后来发生的事情才让他有胆子离开大学。他在国外游戏的服务器上加设了一个自己的服务器，再把现成的国外游戏做了一些改编，免费让大家来玩。结果在他的服务器上，在线的人数能达到五六百，如果收费，每月可以挣好几万。这让他意识到，靠自己的能力，他完全可以在这个世界上立足。

2007 年 7 月，他的团队被上海盛大网络发展有限公司以 1 亿元人民币的价格收购。

他就是 23 岁的亿万富翁彭海涛。

心理按摩

彭海涛与别人玩游戏的区别在于：他在玩游戏，而不是被游戏玩；他沉迷游戏，但不迷失自己；他有清醒的自我意识，知道自己的优点和缺点；他知道自己可以做什么，而且决定果断。

一个人形成了正确的自我意识，就标志着其心理的成熟；而心理的成熟，使人走向成功。彭海涛值得人们敬佩的地方，就是他的自我意识的正确。别人包括他的父母，都以为玩游戏会影响学习、影响个人前途，而他却在玩游戏中学到了自己想学的知识，并找到了自己事业的方向，因此取得了巨大的成功。

世界歌坛的超级巨星卢卡诺·帕瓦罗蒂的成功，也印证了这个道理。从师范院校毕业之后，痴迷音乐并有相当音乐素养的他对自己选择什么样的职业拿不定主意，于是他就问父亲："我是当教师呢，还是做音乐家？"父亲回答说："如果你想同时坐在两把椅子上，你可能会从椅子中间掉下去，生活要求你只能选择一把椅子坐上去。"后来，帕瓦罗蒂愉快地选择了音乐，从此开始了乐坛生涯。明智的父亲让帕瓦罗蒂形成了正确的自我意识，在面对两难时，做出了正确的抉择。

健康护照

从幼稚到成熟，这是正常人的心理发展历程。在一般情况下，人与人之间的差别只是经历的这个过程的时间有长有短，而个体一旦形成了正确的自我意识，则标志着其心理进入了成熟状态。

正确的自我意识对心理健康的重要意义体现在如下三个方面：

1.实现生物需要向社会需要的转化

人际关系是人类共同生活所创造的诸多文明中最无法回避的内

容之一,而适应社会,协调人际关系,又是个体必须面对的生存课题。在现实生活中,几乎没有人能够脱离社会独自实现物质的满足和精神的需要。早在宋代,大诗人黄庭坚就发出了"千林风雨莺求友,万里云天雁断行"的感叹,此中折射出的孤独心理,让我们清晰地感受到了人需要交际的历史足音。青少年在成长中形成正确的自我意识,就是为适应社会,和谐人际关系奠定基础。

大量的心理学实践证明,许多人社会适应不良及人际关系不协调,都是由于自我意识不健全或不正确造成的。这提醒我们,青少年期正是形成自我意识的关键期,如果对生理的自我、心理的自我和社会的自我认识不正确,尤其是在自我评价及自我概念上与客观的现实差距太大,就可造成社会适应不良和人际关系不协调,从而影响人的心理健康。

2.促进自我认知向自我实现的转化

自我意识是认识外界客观事物的条件。自我认知是把自己与周围事物相区别的前提,否则个体就无法认识外界客观事物。同时自我意识是改造自身主观因素的途径,使人能不断地自我监督、自我修养和自我完善。可见,自我意识能够创造最佳心理质量,影响道德判断和个性的形成。

青少年具备了健全的自我意识,就能够通过合理的自我认识、良好的自我体验、自觉的自我调控来促进自我实现,最大限度地挖掘自身潜在的心理能量。

3.推进现实自我向理想自我的转化

自我意识是人的自觉性、自控力的前提,否则个体就很难有效开展自我教育。个体只有意识到自己的现状如何并应该怎样做的时候,才会自觉自律地去行动,如发扬优点,克服缺点。亦即当现实的自我和理想的自我发生矛盾时,或当在理想的自我实现过程中受到挫折时,自我意识正确的人能够自省,能够自觉地通过自我调节、控制,来纠正心理偏差或重新定位理想的自我,使现实的自我与理想的自我的差距逐步缩小。

正确的自我意识通过正确的自我评价产生合理的理想自我,这是个体得以维护心理健康的基础。

三、自我意识的常见偏差

故事引路

马可刚刚进入湖南经视时,他对自己充满了自信,然而当台里为他量身定做主持角色时,电视画面里的他竟然满脸痘痘,而且一清二楚。观众到底能不能接受这样的主持人,大家心里都没底。

台长只好找到马可,直言不讳地说:"虽然我们都认为你很优秀,但你脸上的痘痘注定了你不能做主持人,我们也不会冒这个险,我建议你去报社当编辑,这样对你比较合适。"

台长的话如当头一棒,让马可所有雄心壮志都烟消云散。他天天借酒消愁,失落到了极点。有一天,他去书摊闲逛,偶然看到了报纸上刊登的关于肥姐沈殿霞的报道。马可的心头一震,沈殿霞可一直是自己崇拜的偶像啊!他记得沈殿霞曾经在一档节目中说:"你可以什么都不是,但是你必须用你的笑容和爱来温暖观众。"

马可恍然大悟,他立即找到台长说:"我虽然有很多痘痘,但这不影响和观众的交流。因为在镜头面前,容貌并不是最重要的,最重要的是我们能够给他们带来什么。"接着,马可即兴表演了几段脱口秀。马可的精彩表演让台长刮目相看。

经过慎重商量,台长决定让他和汪涵来主持"越策越开心"。几期节目下来,马可以诙谐幽默的风格征服了观众,"汪马组合"名满天下,而他脸上的痘痘,更成了他个人的"品牌"。

后来,马可在他的生日宴会上说:"生活中哪能不遭遇逆境,与其埋天怨地,还不如找准自己的优势,坚持到底。以前我常想什么是成功,今天我总算是明白了,成功无非就是将你的自信演绎到极致。记住这一点，你才会明白，拥有自信往往比拥有才华更重要。"

心理按摩

马可的成功说明了正确的自我意识的重要意义。

自我意识正确的人，往往也是一个充满信心的人。我国著名画家傅抱石未成名时，听说徐悲鸿途径南昌，便鼓足勇气带着自己的作品去见徐先生，结果得到了大师的赏识和帮助。如果傅抱石信心不足，犹豫不决，甚至自卑，不敢拿出自己的作品去见大师，他便失去了得到大师指导和推荐的机会。足见，自我意识的正确与否，对一个人一生的影响是巨大的。

健康护照

任何事物都有一个形成发展的过程，在这个逐步发展的过程中，每一个阶段都有相应的产物，自我意识就是个体发展到一定阶段的产物。自我意识的形成，大致要经历自我感觉——自我认识——自我评价——自我批评——自我控制——自我调节——自我完善等阶段。

现阶段我国的青少年正处在尝试独立学习、独立生活的人生阶段。所谓尝试，意味着此时的独立还没有变成现实，仅仅是个开始。所以，这个阶段的青少年开始强调自我价值、自我实现，是自我意识觉醒、发展、成熟和确立的关键期。一般情况下，青少年个体在这一时期遇到的困扰最多，极易出现偏差。例如，与父母的沟通进入了瓶颈，自己无法理解父母，也无法让父母理解自己；不仅如此，人生道路上的许多重大问题都会在此时接踵而至，选择常常陷入两难境地，如选择学校，选择职业及其发展方向，选择朋友乃至选择配偶等一系列问题都是难以回避的。但是,这个时期的青少年心理尚未完全成熟,文化知识储备尚少,生活阅历尚浅,社会交往圈子尚小,观察视野尚窄,获取信息渠道尚不宽泛,对理想与现实关系的认识尚显稚嫩,因此,在认知和判断事物时很难避免偏差。自我意识偏差导致的后果是极其严重的,特别在自我定位、他人认知两方面产生的误区较大、挫折感强烈,引发的心理问题也较多。

青少年中常见的自我意识偏差有:

1. 自卑

自卑是个体通过与他人的比较而轻视自己的心理状态。自卑是自我意识偏差的典型表现之一,是个体在内心感受上认为自己不如别人,即过渡自我否定。自我否定的根源是信心缺失,因此一遇到需要信心支撑才能完成的事情就心虚胆怯,习惯性地自我否定。逃避、退缩、少主见、易从众是多数自卑者的共同特征。对"理想的自我"认识模糊,对"现实的自我"的改变缺乏积极性,是多数自卑者的共同表现。

自卑的青少年一般看不到现实自我的优势,悲观地以为自己一无是处,总是把自己的劣势与他人的优势相比,不能正视自己,甚至缺少超越自己和超越他人的冲动。自卑心理与环境因素有密切关系,但多数自卑的青少年放大了环境对自身的不利影响,无法直面环境,无法消除对自己的否定评价,无法建立摆脱现状的信心。

自卑实质上是自己给自己挖了一个陷阱,又缺少自救的机制,其结果是使自己更加自卑。

2. 自负4

自负是个体在与他人的比较中自以为了不起的心理状态。自负也是自我意识偏差的典型表现之一,是个体在内心感受上认为别人不如自己,即过度自信。人都有自尊心,青少年也不例外。观察中我们会发现,只要人们所处的发展空间相同,展示个性或竞争的平台相同,人的好胜心理就极为强烈。大多数青少年也是这样的,但与成人相比,在自尊心、好胜心激发下形成的自信心远远超出了本应控制的程度,这种现象却比成人普遍。所谓物极必反,过度自信就像人们常说的头脑发热一样，其后果是不难设想的。一个人只要进入一种自我膨胀状态，就很难做到自知之明，不要说听不进别人的意见，就连与他人和谐相处的愿望都大打折扣。有些人心里只有自己，自然目中无人，完全把自己凌驾于他人和环境之上，成了骄傲自大的孤家寡人，还自鸣得意。

自负的青少年对"现实的自我"的认识和评价过高，即把自我理想化。如学习成绩在班内始终倒数的学生，不是认真查找自身学习中存在的主要问题，以求改进，而是一味地认为自己只是考试临场失利，固执地以为自己的优势在下一次考试中一定能发挥出来。我们都知道，真正的实力是在长时间的积淀中形成的，而虚假的实力就是不自量力。自负的人，主观条件远逊于客观现实，还盲目自信，不肯放弃虚荣，走向失败是必然的。

3. 盲目

盲目就是对事物认识不清，即缺乏目标意识。青少年精力旺盛，学习新知识的热情高；爱好广泛，对新事物充满兴趣，对神秘事物普遍好奇，对流行事物十分热衷。总之，想要的东西太多，舍得放弃的东西太少，必然导致方向性模糊或缺失。

盲目的青少年以为自己具有超人的才能和智慧，各个方面都胜人一筹，因此参与意识极为强烈，又不能正视自己和现实，倘若某件事偏巧成功了就洋洋得意，失败了就怨天尤人。有的青少年陷入一种盲目跟风的怪圈，一味地追随流行事物，不分青红皂白跟在别人的后面盲目模仿，非要和别人比个高低，消耗了许多宝贵的精力，完全失去了自己的目标，导致自己的长远发展受挫。

以有限对无限，倾尽一生也无法实现，这是最基本的道理。精力受寿命制约，有限得可怜，因此人生不可能什么都学，什么都会，而且跟在别人的后面爬行，也永远不会体现自我价值。正确的做法是，在行动之前，先要明确"理想的自我"应该是个什么样子，这样才不会失去方向。也就是说，防止盲从心理，须建立一种目标意识，把宝贵的时间和精力用在追求理想的奋斗中，不辜负短暂的人生。

4. 懒惰

懒惰是人的本性之一,是一种消极的心理状态,即心理上的厌倦情绪。它的表现形式多种多样,包括极端的懒散状态和轻微的忧郁状态。生气、羞怯、嫉妒、嫌恶等都会引起懒惰,使人无法按照自己的愿望进行活动。懒惰心理的形成有文化、社会的因素,应视具体情况及其程度而定。

懒惰导致自我意识偏差。青少年不能形成积极的理想自我,其中较为普遍的原因就是懒惰。懒惰与暂时的放松是有区别的。懒惰是缺乏行动的欲望,不想做任何事;而短暂的放松是缓解某种紧张状态的形式,是持续工作状态中的小憩。前者影响个体心理潜能的发挥,是一种不健康的心理状态;后者是发挥个体心理潜能的一种策略。

懒惰会吞噬人的心灵。通常懒惰以拖延为主要表现形式,如有些青少年虽然有追求上进的愿望,但一遇到困难或挫折就消极退缩,拖延逃避。拖延最具破坏性,也是最危险的恶习,它使人丧失进取心。习惯性的拖延者通常也是制造借口与托辞的专家。

5. 逆反

逆反是个体根据自己的理解和情绪,对正确的方面盲目地持反抗、抵制与排斥的态度。即与常理背道而驰,以反常的心理状态来强调个人意志的行为。青少年在成长过程中,自我意识有一个觉醒的过程,逆反就是这一过程中的一种非理性产物。之所以说它是非理性的,是因为逆反以宣告自我独立为开端,目的是寻求自我保护,却以伤害自我告终。

逆反心理在青少年中普遍存在,这是人在这一阶段心理发展的正常现象,是独立意识的反映。其产生的原因有多种,主要是两个方面:一方面是社会文化的变迁因素,如随着科技和现代媒介的发展,青少年获得知识、信息的途径明显发生了变化,父母和老师已不再是其最主要的知识传递者,成人在青少年世界中的权威地位得到削弱,试图摆脱控制是青少年心理的必然需求,矛盾的焦点集中在观念的冲突上;另一方面是青少年心理上的好奇因素,如越是不让看的越想看,越是得不到的东西越想得到,越是不能接触的东西越想接触,越是不让知道的事情越想知道。这是青少年心理发展的一般规律,也是青少年的自我意识与外界对立的情感需求。

逆反心理的情绪成分很大,只要是自己认定的排斥对象,不论青红皂白,不管正确错误,不分精华糟粕,不辨真理谬误,不察善良丑恶,统统否定,一律排斥。由于逆反目的单纯,方式方法也就比较简单。一言以蔽之,为了拒绝而拒绝,为了反抗而反抗。因此其危害也显而易见,一味地怀疑他人,甚至对他人形成严重的偏见,阻塞了自我认识纠偏的渠道,妨碍了新知识的学习,破坏了正确经验的接受土壤,影响了人际关系的和谐,阻碍了自身的健康成长。

6. 自我中心

自我中心即以自我为中心,排斥一切与"自我"相对立的事物。自我中心与逆反心理一样,也属于自我意识觉醒中形成的自我意识偏差。就青少年而言,把关注的重心越来越多地投向自我,这原本不是什么坏事,因为自我意识的发展是心理发展成熟的一个不可缺少的组成部分。但是有些青少年(尤其是独生子女)尽管自我意识发展了,可自我控制能力还停留在较低的状态。例如,喜欢与人争论,但常论据不足;喜欢怀疑,却又缺乏科学依据;喜欢发表见解,但又判断不准;喜欢批评别人,却又容易片面。

自我中心的危害是,个体在面对各种复杂的客观环境时,不能做到理智、客观地思考问题,特别是在人际关系的处理上,无法冷静地看到对方的存在,从而无法保持与环境和谐相处,造成对生活环境和成长环境适应不良等后果。

总而言之,自我意识偏差是青少年心理发展尚未成熟的产物,因为具有普遍性,必须引起高度重视,需要以坚强的毅力、乐观的情绪、脚踏实地的实践加以调整与纠正,否则将影响青少年心理发展的整体水平。

四、自我意识的形成途径

故事引路

有一天,一群孩子出去旅行,突然暴风雨要来了。孩子们没地方避风躲雨,只好拼命向前跑,终于看到前面有个草棚,就"哗"地冲了进去。大家好高兴,刚刚找到避雨的棚子大雨就来了。"哇,今天真是太幸运了!"此时没人顾虑这间草棚是否简陋,只要能避雨就很满足了。但这间草棚在风雨中将要倒塌,孩子们实在没处去,就想尽办法扶住草棚四面的柱子,"扶住它,不能让棚子倒塌!"大家齐心协力,保住了草棚,也躲过了暴风雨。

心理按摩

在这个故事中,是孩子们需要那间草棚,还是那间草棚需要孩子们呢? 当然,是孩子们需要那间草棚。在暴风雨中,不是孩子们做了好事,保住了那间草棚,而是孩子们需要靠那间草棚遮风避雨,才保住了它。孩子们的自我意识是正确的,他们的行动才会如此。

这个故事说明,正确的自我意识有利于青少年的心理健康,特别是有利于青少年对自身行为进行适宜的调控,实现自己既定的目标。

健康护照

　　青少年健康成长需要一个渐进的过程，培养正确的自我意识是其中一个不可或缺的环节。这个环节的实现，主要有以下途径：

1.全面正确地认识自我

　　"人贵有自知之明"，可见一个人能够对自己有明明白白而正确地了解，是一件非常难能可贵的事情。培养健全的自我意识依赖个体有一个全面而正确的自我认知，自我认知是否全面，取决于个体所建立的信息渠道是否多维，即客观而多方位；至于正确与否，则取决于主体的认识、评价与客体的认识、评价的能否一致。一般获取的客观信息越多，自我评价越忠实于内心，自我认识越趋于正确。我们不妨认真地思考一下，如果一个人能对自我有一个比较全面客观的认识和评价，毫无疑问，这个人将会就自己的情况进行一次环境定位，以利于构建理想的自我和推进自我发展。

　　只有全面正确地认识自我，才能够完善自己、发展自己、超越自己。因此青少年要全面正确地认识自我，就应该建立一个独立的客观的稳定的概括的评价体系。

2.理智客观地悦纳自我

　　客观的自我评价体系的建立，是一个人悦纳自我的前提。自我悦纳是自我意识健康发展的关键。悦纳自我首先要接纳自己。一个不接纳不欣赏自己的人，却指望别人去接纳自己，根本就是不现实的。所以接纳自己是悦纳自我的首要条件，而且这种接纳必须是全方位的全面的没有遗漏的。悦纳自我的关键是善于发现自己的与众不同，即独特性。我们只有学会发现自我的独特性，才会有情感价值观的独特体验，才会有自己独特的幸福感和满足感；我们只有学会发现自我的独特性，才会理智与客观地对待自己的优缺点，才会冷静辩证地看待自身的获得与失去；我们只有学会发现自我的独特性，才会在生活中积累优势且不自欺欺人，才会乐观开朗地构筑人生，自信自立自强自主地发展人生。

3.主动有效地控制自我

自我意识是需要完善的,这个完善的过程离不开自我控制。通过自我意识系统的监控,可以实现人脑对信息的输入、加工、贮存、输出的自动控制系统的控制。这样,人就能通过控制自己的意识而相应地调节自己的思维和行为。所以自我控制是个体发挥能动作用、采用操控手段以定向改变自我的心理品质和行为的心理过程。

有效地控制自我是健全自我意识、完善自我的根本途径。个体有了自我控制能力,才得以对自我进行审视与反省,进而才得以树立自己的奋斗目标、制定自己的行动计划,从而为随后的自我发展和自我实现奠定基础;反之,则个体没有也无法对自我进行审视与反省,当然也就不会有自我发展和自我实现了。因此,自我监控是个体自我发展和自我实现的基本前提。个体在自我发展和自我实现的过程中,无论是目标的树立、计划的制订,还是具体行为的实施和调整,都是以一定的自我控制为手段的。因此,自我控制是个体自我发展和自我实现的根本保证。

4.努力积极地提升自我

自我提升一要借鉴他人成果,二要克服自我障碍。

每一个人都希望自我实现,而自我实现离不开借鉴他人的成长经验,因为任何自我体验都是个体的,只有积极地分享他人的成果,自我实现的效能才得以全面充分的体现。如在学习上把自己的体验和他人的经验结合起来,就能发现自己存在的不足,利于自己取长补短。

个体对自我实现的预期,需要自己最大的努力来兑现,特别是在面对挑战的情境下,必须克服自我障碍,进行积极的自我提升与自我尝试。例如有人在考试前身体不适,刚好这次考试成绩不好,就为自己找到了考试不成功的借口,这就是典型的自我障碍。自我障碍阻滞自我提升,是自我发展的大敌,必须主动加以克服。

第九讲　青少年如何塑造性格

一、性格的特征

故事引路

阿基米德和牛顿、高斯并列为有史以来三个贡献最大的数学家。他的生平没有详细记载，但关于他的许多故事却广为流传。据说他确立了力学的杠杆定律之后，曾发出豪言壮语："给我一个支点，我就可以撬动地球！"

据说，国王请人打造了一顶纯金的王冠，但怀疑金匠在金冠中掺了假。如何能不破坏王冠而证实其真假，这个问题难倒了国王和许多大臣。最后，国王把这个任务交给了阿基米德。阿基米德冥思苦想了很久也不得要领。有一天，他去澡堂洗澡，坐进澡盆后看到水往外溢，同时感到身体被轻轻托起。他恍然大悟，跳出澡盆，连衣服都顾不得穿，就直接向王宫奔去，一路大声喊着"尤里卡"（我知道了）。原来他想到，如果王冠放入水中后，排出的水量不等于同等重量的金子排出的水量，那肯定是掺了别的金属。这就是有名的浮力定律，即浸在液体中的物体受到向上的浮力，其大小等于物体所排出液体的重量。后来，该定律就被命名为阿基米德定律。

在阿基米德70多岁的时候，他的祖国叙拉古面临着战争的威胁。

当时罗马人与迦太基人争夺海上霸权，叙拉古夹在中间左右为难。因上层决策失误，与后来日益强大起来的罗马结了仇。公元前215年，罗马军队在统帅马塞拉斯的指挥下围攻叙拉古城，但屡屡受挫，原因是阿基米德用"新式武器"装备了叙拉古军队，使罗马海军望而生畏。这些新式武器有投石机、大吊塔、反射镜。投石机比一般的弩射程远得多，用石头做炮弹杀伤力也大得多；大吊塔能够把整个一艘罗马军舰从港口的水面上提起来，"干晾"在那里；由一群老人妇女各持反射镜把太阳光集中照在同一艘船上，能够把木船烧着。由于这些奇奇怪怪的新式武器，罗马人的攻城行动久久不能得逞。马塞拉斯苦笑说，这是一场整个罗马军团与阿基米德一个人之间的战争。

攻城三年后，由于内部出现叛徒，叙拉古城终于在里应外合下被攻破。马塞拉斯知道阿基米德的价值，下令不得伤害这位神奇的老人。可是命令尚未下达到基层，城池已经攻破。当一位罗马士兵闯进阿基米德的住宅时，阿基米德正在沙地上演算一道几何难题。他由于过于专注于演绎的逻辑，没有意识到危险正在迫近。杀红了眼的士兵高声喝问没有得到答复便拔刀相向，沉思中的阿基米德只叫了一声"不要踩坏了我的圆"便被罗马士兵一刀刺死。

心理按摩

阿基米德光着身子从澡堂里跑回家，临死前还在说"不要踩坏了我的圆"，还有那句名言"给我一个支点，我就可以撬动地球"，都彰显了阿基米德与众不同的性格。

性格反映了一个人对自己、他人和客观事物的态度极其行为方式，如阿基米德在祖国受到外患威胁的时候，毅然将自己的智慧用于捍卫祖国。从中我们可以看出，健全的性格支配下的待人处世的态度和行为方式是合乎社会规范的，且果敢坚定。

健康护照

　　所谓性格,指个体在对人、事的态度和行为方式上所表现出来的心理特点,如开朗、刚强、懦弱、粗暴等。

　　一个人是否成才,往往不一定由智力因素决定,这是因为智力因素无论多么好,但如果没有与之相匹配的环境,主体缺少进取心等,其智力因素有可能被埋没或被扼杀。大量的研究证实,非智力因素在个体的成长中的作用是极其重要的,甚至是关键的。

　　性格是非智力因素的一个方面,而且是一个非常重要的方面。性格形成的内在基础是生理素质,形成的外在基础是社会环境。性格与个性有时是难以明确区分的,但个性作为个体比较固定的特征,形成的基础主要是一定的社会条件和教育影响。因此,我们可以认为性格是个性特征中的核心特征,集中反映了其精神面貌。

　　性格在每一个个体身上都具有独特性,而独特性的集合就是个体的性格特征,且这种特征具有一定的稳定性。归纳起来,共有如下表现:

　　1. 态度特征

　　个体在现实中对己、对人、对事都有各自的态度,如对己有谦逊、自负,自豪、自卑,大方、羞怯;对人有诚实、虚伪,乐群、孤僻,无私、自私;对事有勤劳、懒惰,细心、马虎,创新、守旧等。这些性格特征是个体品德方面相对稳固的部分,所以我们也把这些性格特征看成是个体的道德特征。

　　2. 理智特征

　　个体在对事物的认识过程中所调动的智力,就是我们所说的理智特征。反映在性格上,则是认识事物和控制自己行为的能力的表现,如观察事物或精细或粗疏,或敏锐或迟钝;想象或浪漫或现实,或具有再造性或具有创造性;思维或独立或盲从,或富于经验性或富于理论性等。这些性格特征是个体智力方面相对稳固的部分,所以我们也把这些性格特征看作是个体的能力特征。

3.情绪特征

个体在从事某种活动时所产生的某种心理状态,即为性格的情绪特征。如对待事物或热情或冷淡,或乐观或悲观;处理事务或冷静或急躁,或沉稳或浮躁;感知事物或满意或失望,或愉悦或悲戚;评价事物或公正或偏激,或坦然或怅然等。这些性格特征是个体心态方面相对稳固的部分,所以我们也把这些性格特征看作是个体的情感特征。

4.意志特征

个体在达成目标的过程中所产生的心理状态,即为性格的意志特征,一般由语言和行动表现出来。如面对困难或坚强或懦弱,或勇敢或回避;行动或自觉或懈怠,或坚持或拖延等。这些性格特征是个体品行方面相对稳固的部分,所以我们也把这些性格特征看作是个体的品格特征。

二、性格形成中的外界影响

故事引路

在德国,一个造纸工人在生产纸时不小心弄错了配方,生产出了一批不能书写的废纸。因此,他被老板解雇。

正当他灰心丧气、愁眉不展时,他的一位朋友劝他:"任何事情都有两面性,你不妨变换一种思路看看,也许能从错误中找到有用的东西来。"于是,他发现,这批纸的吸水性能相当好,可以吸干家庭器具上的水分。接着,他把纸切成小份,取名"吸水纸",拿到市场去卖,竟然十分畅销。后来,他申请了专利,独家生产吸水纸发了大财。

心理按摩

外界环境对一个人的影响有时是不可低估的,像这个故事中的德国工人一样,许多人在外界因素的影响下,改变的不仅仅是一件事的成败,还可能是性格,甚至是命运。试想一下,如果这个德国工人被老板解雇后,他的朋友不是劝他改变想法,而是陪着他唉声叹气,结果会怎样。故事中的老板和朋友都是环境因素,如果我们试想的结果真的出现,那么这个造纸工人就等于受了外界环境的连续影响,即双重打击,有可能从此失去信心,一蹶不振,性格自然不会向有利于这个故事的实际结局方向发展。

相信,岳母刺字、孟母三迁的故事许多人从小就熟悉。为什么会熟悉?环境教育使然。这样的故事本身就是在强调家庭和社会等环境对一个人(特别是青少年)的影响之重大。

健康护照

前面我们提到,性格形成的外在基础是社会环境。性格作为个体非智力因素的一个重要方面,其形成与发展与后天的环境因素密不可分。青少年阶段的外界影响主要是学习、生活的环境影响,包括家庭、学校和社会环境,已经工作的青少年还涉及工作环境的影响。

当然,性格的形成是个渐进的过程,实践的锤炼也是一个必不可少的方面。其中,家庭是性格形成的起始性外界环境,学校是促使性格发展的外界环境,社会是促进性格成熟的外界环境,工作岗位(不同的职业)是稳定性格类型的外界环境。

1.家庭环境的影响

一个人一出生,就直接受到家庭的熏陶,这种环境教育是个体无法改变的。因此，社会普遍形成了一种共识，即"家庭是儿童的第一所学校，父母是儿童的第一任老师"。从"岳母刺字"和"孟母三迁"的故事中我们可以看出，不同的家庭有不同的教育方法，其对个体性格的形成与发展的影响必然也是不同的。

现代社会十分关注独生子女的家庭教育，原因很简单，家庭是独生子女性格形成和发展的起点，且其影响因素中有许多共性特征，如娇宠、溺爱等，对个体乃至群体的影响都是无法忽视的。

和谐、民主、文明的家庭环境对青少年性格的形成有积极的影响，如勤勉、自尊、谦虚、礼貌、诚恳、宽容、热情、独立、勇敢等优良表现；反之，则对青少年性格的形成有消极影响，如懒惰、自私、傲慢、粗俗、虚伪、偏狭、冷漠、任性、怯懦等不良表现。

家庭环境对青少年性格的影响是潜移默化的，物质条件也是影响性格的一个不容忽视的重要方面。

2.学校环境的影响

对青少年性格的形成和发展，学校环境是一个至关重要的外界影响因素。现代社会，大多数青少年已经无法回避学校教育，因此对个体而言，学校的校风、教师的素质、同学的品行等因素都是影响其性格发展的重要因素。

青少年个体就读的学校的校风(特别是所在班级的风气)对其性格的形成和发展影响极大。和谐的集体氛围促进青少年形成积极进取、热情乐观、遵纪守法、文明礼貌、团结互助、勇敢坚强等性格特征，混乱的集体氛围导致青少年形成消极懈怠、冷漠悲观、漠视法纪、粗俗不逊、自私狭隘、软弱怯懦等性格特征。

教师的素质对学生性格的形成和发展的影响是比较直接的外界因素。因为在个体性格形成的诸因素中，最直接的因素有两种，一种是他人的表率作用的影响，一种是客观的评价机制的影响，而教师的职业特点恰恰包含了这两种因素。教师的素质按类型划分，大体分为民主型、专制型，严爱型、放任型。在民主型教师的影响下，学生的情绪稳定、举止文明、态度友善、行动果敢、敢于承担；在专制型教师的影响下，学生的情绪紧张、举止粗俗、态度冷淡、行动迟疑、胆怯推诱；在严爱型教师的影响下，学生热情大方、自尊自爱、宽容大度、知恩感恩、严谨谦逊；在放任型教师的影响下，学生心情涣散、目无组织、纪律松懈、自私自利、随波逐流。

青少年在不同的年龄阶段步入不同层次的学校，必然会有各层次相对固定的同学关系，而这些同学的品行、情绪会直接影响个体性格的形成和发展，我们称这种影响为潜移默化的熏陶作用。就个体而言，受外界影响的表现具有多样性，但最有可能会出现两种形式：一是认同，二是模仿。同学关系的影响与师生关系的影响大体接近，优良的品行与恶劣的品行对个体性格的影响截然相反。

3. 社会环境的影响4

一般，我们把社会环境的教育影响称之为无意识影响。因为个体在接触社会时，耳闻目睹的某些社会现象、某些思想观念的呈现形式是自然的、非人为的，与学校教育中那种目的明确、主题明确的教育影响不同。良好的社会环境对青少年性格的影响具有积极作用，如文明礼貌、遵纪守法、助人为乐等许多属于道德特征范畴的方面，有益于青少年树立正确的世界观；恶劣的社会环境对青少年性格的影响具有消极作用，如封建迷信、违法乱纪、自私冷漠等许多属于道德特征范畴的方面，必然会毒化青少年，使之背离优良的性格发展轨道，形成消极的性格。

因为社会环境有许多不确定性因素，需要加以辨别，如舆论就有正确与错误、健康与灰暗、高雅与低俗、积极与消极等方面的差别，有的鱼目混珠、是非混淆。所以青少年应有主动防御意识，远离那些消极的性格影响因素。

4. 职业环境的影响

进入工作岗位的青少年，面对的职业岗位的要求相对直接，同事之间性格的多样性较为普遍，因此与学校相比，这时的性格特征的可变性也较大。例如职业岗位的道德教育等内容对人的影响就比较直接，像思想观念、价值取向、世界观倾向这类性格特征或确立或改变，都存在可能性。经常性的爱岗敬业、艰苦奋斗、无私奉献等教育活动，对树立人生观、价值观向积极的方向发展起促进作用。集体氛围对个体的性格的影响也是很重要的,因为某些性格就是在集体的影响下形成的,如团结协作、宽容友善、积极进取等集体作风,就对个体形成了监督、约束、改造等影响,使其性格中的不良成份受到抑制,逐渐达到集体的要求;反之亦然。这都属于教育熏陶对性格形成和发展的影响。

职业环境中的舆论因素对个体性格的影响是不容忽视的,因为其可能直接引起个体对现实态度的改变,从而影响个体对事物的评价和行动方向的选择。强有力的舆论对个体性格的改造作用也是巨大的。

总之,环境因素对青少年性格的影响是潜移默化的,无论是家庭、学校,还是社会、职业岗位,都有一个"习惯成自然"的规律可以遵循,只要青少年自身重视行为习惯的自我培养,拒绝不良习惯,就能使优良的习惯演变成优良的性格。

三、性格的自我塑造

故事引路

黛玉探望宝玉,却发现宝钗已在里面,而晴雯又正发脾气没听出她的声音,因而又高声说道:"是我,还不开门么?"晴雯偏偏还没听见,便使性子说道:"凭你是谁,二爷吩咐的,一概不许放进人来呢!"

林黛玉听了,不觉气怔在门外,待要高声问他,斗起气来,自己又回思一番:"虽说是舅母家如同自己家一样,到底是客边。如今父母双亡,无依无靠,现在他家依栖。若是认真恼气,也觉没趣。"一面想,一面又滚下泪珠来。真是回去不是,站着不是。正没主意,只听里面一阵笑语之声,细听一听,竟是宝玉宝钗二人。黛玉心中越发动了气,左思右想,忽然想起早起的事来:"必竟是宝玉恼我告他的缘故。——但只我何尝告你去了！你也不打听打听，就恼我到这步田地！你今儿不叫我进来，难道明儿就不见面了?"越想越觉伤感，便也不顾苍苔露冷，花径风寒，独立墙角边花阴之下，悲悲切切，呜咽起来。

黛玉正自悲泣，忽听院门响处，只见宝钗出来了，宝玉袭人一群人都送出来。待要上去问着宝玉，又恐当着众人问羞了宝玉不便，因而闪过一旁，让宝钗去了，宝玉等进去关了门，方转过来，尚望着门洒了几点泪。自觉无味，转身回来，无精打彩的卸了残妆。

林黛玉倚着床栏杆，两手抱着膝，眼睛含着泪，好似木雕泥塑的一般，直坐到二更多天，方才睡了。

心理按摩

这个故事选自《红楼梦》。林黛玉吃了闭门羹，便柔肠百转，簌然泪下。

林黛玉的性格特点是多愁善感。在曹雪芹的笔下，她每次见宝玉都自己找气生，自己折磨自己。春天百花盛开，可林妹妹却要葬花，并且联想今后谁葬自己。连她的丫环紫鹃雪雁都素知她的性情：无事闷坐，不是愁眉，便是长叹，且好端端的，不知为着什么，常常的便自泪不干的。她的悲剧缘于她的悲剧性格。

现代青少年应从林黛玉的悲剧中受到启发，在塑造自我性格中注重培育优良的品质，摒弃不良的品质，使自己的性格趋于完善。

健康护照

青少年性格的自我塑造应该遵从以下原则：

1. 坚持自省，加强修养

自省，即检查自己的思想行为是否符合优良性格的塑造要求。

通过自省,发现自己性格中存在的问题,改进就有了明确的方向,从而避免了盲目。我们虽不能像孔子那样每日三省,但只要能够坚持经常性的自我反省,就能使性格中的不良成分受到抑制。

我们通过自省,了解了自己的性格弱点是什么,就可以警示自己,做事时要学会克服;激励自己,实践中要学会改善。

2.坚持实践,强化训练

事实上,每个人的性格弱点最容易在小事情上暴露,因此我们应该从小事入手,循序渐进地改变性格弱点。没有人能一口吃成个胖子,改变性格弱点也是这样。只要我们坚持训练,有针对性地克服那些已知的性格弱点,循序渐进,目标明确,必有成效。常言道,实践是检验真理的标准。一切不良的性格弱点,都是在实践中被强化或改变的。如急躁,我们常说这是一种不良习惯,其实就是在说,急躁是在一次次的具体事情的处理中被强化了,最终成了一种习惯,导致我们一遇到事情就克制不住自己的情绪,使之成了我们性格中的习惯性弱点。

没有人天生就是豁达的,豁达是在实践中训练出来的。坚定信念,相信自己有能够坚持的意志,性格中的不良因素必然能够被克服。

3.坚持演练,固化习惯

前面我们提到实践的意义是重大的,但是我们并不是能够经常遇到可供训练的事情,所以实现性格转化的途径还有一个有效的方式,即演练。我们已经知道,人的性格中有很多习惯性的因素,因此,我们要培养自己的优良性格,就要注意巩固自己良好的习惯。良好习惯养成的主要途径是演练。我们常看到消防官兵平时训练的情景,他们为什么要坚持这样做呢?当然是为了有意识地培养习惯,以满足紧急任务(如灭火)来临时的快速、有序、熟练等要求。

演练其实也是一个磨炼性格的痛苦过程,也是一个演习性质的实践过程。所以青少年在人生成长的过程中,可以有计划地坚持演练,固化自己性格中优良的习惯因素,为成功的人生奠定基础。

四、常见性格缺陷的自我纠正

故事引路

2010 年 1 月 12 日早上 6 点 45 分,温州某大学大三学生小炯,一个人静静走出学生公寓大门。

4 个多小时后,小炯在洞头仙叠岩风景区从 60 多米高的悬崖上跳海身亡。

一名在校大学生,选择以这样的方式,结束年轻的生命,只因为前一天从超市"拿"了一支价值 28 元的牙膏。

1 月 11 日下午 4 点 30 分左右,学校附近"百泰隆"超市的老板根据监控图像找到学生公寓的管理老师反映情况,出门时,遇到了小炯。随后,小炯向学校承认了"拿"牙膏的事,还说之前曾"拿"过 3 块巧克力,价值 20 元左右。

超市老板提出一赔十的要求,并让小炯赔礼道歉、书面检讨,否则就报警。小炯同意了。随后,学校把这件事告诉了小炯家长,希望他们协助教育。小炯是社团干部,还是班上生活委员,平时表现不错。

1 月 12 日清晨 7 点 40 分左右,室友发现小炯不见了。闻讯赶到的老师在小炯的笔记本电脑上,发现两封"遗书"和一份班费清单。

其中一份"遗书"是写给一个和他要好的女同学的,和事件本身没什么关系。

写给父母的"遗书"写道,"现在我是在没有灯的情况下写的这封信。爸、妈都是儿子不孝,没听你们的劝,还是犯下了这个错误⋯⋯如果有下辈子,我希望还能当你们的儿子,但是决不会再犯这种错误。

知晓这封信之后,好好照顾自己,不要为儿子伤心、流泪(不要责怪任何人,尤其是学校)⋯⋯

学校立即报案。警方查到小炯身处洞头打水鞍和半屏山附近。

9点左右,学校派人赶往洞头,还叫上了那个女同学。路上小炯只回了女同学短信。其中一条短信,提到他"站在山顶往下看,风景很好"。

之后,小炯还接了这个女生的电话。但10点50分左右,电话突然断了⋯⋯

搜救人员在悬崖下方的岩石缝中,发现了小炯的尸体。

小炯是家中独子,父母都是富阳一家造纸厂的工人,经济条件不算太好,但还是会给小炯每月1000多元生活费,手头应该不紧。"而且眼下他还在一家公司'提前就业',也有收入。"家人也证实,小炯没提过钱不够用。

无人能解释"错误"到底是什么。

"遗书"中提到"儿子没听你们的劝,还是犯下了这个错误"。而小炯给母亲发去的唯一一条短信,也提及了"我一直没再犯这个错误"。

然而,自始至终,这个"错误"到底是什么,却无人出面解释。老师也不理解这个"错误"。

小炯父亲说,儿子从小就很乖很听话,学习也很好,性格比较内向,也没"拿"过别人什么东西。本来他们还没急着赶到温州,但在老师第二次打来的电话中,听说小炯在"不停发抖",他们才着急的。

心理按摩

小炯的悲剧,其实是心理不健全的悲剧。小炯的优秀面越多,他的心理缺陷越不容易被发现,如同他的那个"错误",除了他本人和他的父母,没有谁能够清楚。我们只能设想,小炯的心里有一个他的家人之外无人知晓的"秘密",为了不让这个"秘密"外泄,小炯处处展现自己"阳光"的一面,于是优秀的一面掩盖了他内心的缺陷。然而真实的"自我"一旦暴露,即当自己的行为"玷污"了自己的形象时,内心的平衡就被打破了。

从小炯的悲剧中,我们看到了心理缺陷对人生的危害有多么严重。我们应该记取的教训是:心理缺陷不应被忽视,否则会酿成严重的后果。

健康护照

性格缺陷是心理缺陷最常见的形式之一。心理发育不健全和不成熟是导致性格缺陷的主要原因,表现为个体的心理适应、心理调节、心理平衡等能力明显缺乏,程度上介于心理健康与心理疾病之间。

性格缺陷是多种心理疾病和身体疾病的诱因,是社会适应不良、人际关系紧张的根源,是学习、工作和生活质量低下的病根。因此性格缺陷对个体的危害不可小觑。

性格缺陷的有效纠治方法是接受心理咨询,进行心理训练。青少年若已经知晓自己存在性格缺陷,就应该自觉主动地进行纠治。下面针对几种常见的性格缺陷,重点介绍一些自我纠治的方法。

1.偏执型性格缺陷的自我纠治方法

所谓偏执,指个体偏激而固执,对人对事抱有猜疑和不信任心理。偏执性格缺陷一般多在胆汁质或外向性格者中出现,其特征为固执己见,敏感多疑。

偏执性格缺陷者对客观环境和他人疑虑重重,在待人接物时猜疑心理作祟,对身外的事物持排斥态度,对他人不信任且过度警觉,常以自我为中心思考和分析问题,好贬低他人、排挤他人、嫉妒他人,甚至有攻击他人的言行出现,无法接受外界的批评意见,易争执好诡辩,常把自己置于紧张、尴尬状态,又无法自拔。

偏执型性格缺陷有发展为偏执型精神分裂症的可能性,应引起高度重视。

偏执型性格缺陷的自我纠治方法主要有：

（1）认知升华法。认知的提高有量与质的区别，升华即强调由量的积累到质的变化，目的是提高自知能力，认清敏感多疑等性格缺陷的危害，提高自身辨别善意忠告与别有用心的能力，增强对客观环境刺激的抵御能力。青少年只有具备了自知力，认清了自身存在着哪些性格缺陷，才能自觉自愿要求改变这些性格缺陷，因此，认知升华是自我纠正性格缺陷的前提条件，更是接受他人帮助纠正性格缺陷的前提条件。

（2）寻求外援法。一个人认清了自身存在的某些性格缺陷，并不一定能够完全靠自身的力量解决这一缺陷问题，此时只有主动寻求他人的帮助，才能有效地弥补自身存在的某些不足，增强实效性。敏感多疑本身就是对客观环境和他人抵触的一种不良心态，完全靠自身的能力去消除，存在着极大的难度，而有外援的状况则不一样了，监督、检查等环节的落实就有了保障。这个外援可以是个体，也可以是某个组织。

（3）交友训练法。改善人际关系是纠正偏执心理的一个很重要的渠道，所以进行交友训练必须积极主动地开展交友活动。青少年通过交友训练进行自我纠治的原则是：真诚——必须摒弃偏见、猜疑心理；主动——不可被动地等待，要主动出击，特别是帮助他人，这是取得对方信赖和加强友谊的基础；积极——消极的人交不到挚友，只能使自己的内心世界越来越闭塞；信赖——这是取得对方信任、巩固友谊关系的前提。

（4）反省纠偏法。偏执心理缺陷形成的一个重要因素就是不能进行自我反省。青少年要有效地改变自己的性格缺陷，就应学会主动反省。反省纠偏宜采用书面的形式，内容上针对自己的思想行为进行反省，看是否存在敏感多疑、固执己见、自我中心等现象，以利于明确改正。

（5）敌意克服法。人一旦陷入"敌对心理"的旋涡就很难自拔，因此要学会在待人处世时给自己发出预警，提醒自己注意消除对他人习惯性的不信任心理,克制自己对环境的敌视态度,抑制自己过度的敌对情绪反应。常言道"己所不欲,勿施于人"。要不断地了解他人的需求与自己的需求有哪些共性、哪些独特性,尽量降低外界刺激的敏感性。我们希望别人对自己怎样,别人也是这样希望的,本质上是相同的,因此要学会尊重他人、感激他人,要学会用微笑、忍让和耐心面对环境。

2.循环型性格缺陷的自我纠治方法

所谓循环,指个体的情绪在兴奋高涨与忧郁低下的两端波动,即情绪处于忽高忽低、周而复始的运动状态。循环性格一般以多血质气质或外向性格者居多,其特征是情绪高低变化明显,循环波动。循环性格缺陷者一般表现为:情绪高涨时活跃、欣喜、热情、乐群,情绪低落时忧郁、悲观、沮丧、寡言;易自夸、自负,但看问题浮浅,思维力差,行为欠持久性,情感欠专一性,做事有始无终,设想多于实干;易急躁、激动或发怒,心理活动处于波动状态。

循环性格缺陷的自我纠治方法主要有:

(1)认知升华法。因为认知升华是自我纠正性格缺陷的前提条件,所以应充分了解这类性格缺陷的特点和危害,主动寻求他人的帮助,改变注意力容易涣散,情绪多变、波动不稳定,主意多变、不持久的缺点,提高自知力和主观能动性。自我纠治要遵循的原则是:自我告诫、自我教育、长期坚持、不断强化、稳定提高。

(2)读写结合法。读书可以怡情,但只动脑动口不动手是不能保证思考问题缜密、注意力集中的。因此,读书必须与记笔记相结合,养成不动笔不读书的习惯,有助于培养注意力集中、思维深刻缜密、兴趣专一持久、观察事物细致深入的能力。通过读写结合的方法,就是要改变个体的心理行为,纠正懒于动笔的性格缺陷。

(3)专一训练法。无数成功人士都告诉我们一个真理,要成功必专一。在青少年性格的养成因素中,专一性是硬性的。因为一个人无论做什么事情,必须具备做好这件事情的心理素质,否则在达成目标的过程中必然会出现波折。兴奋专一性就是保证个体达成目标任务不可或缺的心理品质,它是使个体心理行为处于最佳状态不受外界因素干扰的基础。专一训练的目的,就是要解决自我抑制能力低下无法集中精神的缺陷问题。

3.分裂型性格缺陷的自我纠治方法

所谓分裂,指个体内在的与环境融合意识和与客观世界交流的情感意识不强,具有胆小羞怯、离群独处的心理。其特征是孤独离群、情感浅淡、与周围环境分离。分裂性格缺陷者主要表现为:胆小如鼠,遇事退缩;沉溺幻想,回避行动;爱好怪癖,离群索居;情感淡漠,缺乏激情;反应迟钝,态度冷漠。

分裂型性格缺陷的自我纠治方法主要有:

(1)认知升华法。主动提高认知能力,认清孤独不合群、严重内向性格缺陷的危害性,自觉投入心理训练。寻求他人的帮助,认清敏感多疑等性格的危害,增强社交需求心理意识,提高对客观事物的关注度,改变孤僻独处的习惯。

(2)交友训练法。积极主动地进行交友活动,最好能够制订一个社交训练计划,通过人际关系的改善情况来进行自我评价,以改变离群独处的习惯为目标,强迫自己参加集体活动,不给自己寻找脱离周围环境而独处的借口和机会。要有意识地扩大训练成效,设法建立与他人的友谊关系,减少心理隔阂,以实现与朋友真诚交心、相互信赖、相互支持的交友目标。

(3)兴趣培养法。兴趣是人对事物认知倾向性的反应。兴趣是最好的老师,有了兴趣就有了探究事物的积极性。兴趣首先解决的是目标和动力问题,即对事物的优先关注和持久关注问题。人的认识倾向一旦被锁定,伴随的就会是向往的情感,这种向往的情感越强烈,抛弃旧的东西的可能性就越大。因此,兴趣培养训练有助于克服兴趣索然、情感淡薄的不健全心理状态。培养兴趣爱好可以通过各类文体活动来进行,以实现丰富生活色彩、扩大信息需求、改变幽居习惯的目标。

(4)情感交流法。情感的交流需要载体,需要交流的平台,更需要交流的双方有共同的兴趣。因此要实现情感交流无障碍化,就应以兴趣培养为基础,通过欣赏艺术作品,学会欣赏艺术美、自然美、社会美和心灵美,陶冶高尚情操。学会把自己的欣赏心得或体会与他人交流,通过交流改变自己对美的认知,重新定位美的标准。

4.强迫型性格缺陷的自我纠治方法

所谓强迫,指个体自我施加压力使自己服从完美标准,做明知不可为却无法控制自己行为而偏去做的事情,具有过度克制的心理。其性格特征为追求完美,行为拘谨,犹豫不决。强迫型性格缺陷者表现为:过分追求高标准,做事仔细认真,但缺乏灵活性,不会变通调整;过分自我克制,循规守纪诚信,但缺乏应变性,不敢超越雷池;过度自我怀疑,做事小心翼翼,但缺乏预见性,不能面对损失;过度自我注意,精神高度紧张,但缺乏节制性,难以松弛神经;过度完美主义,凡事一丝不苟,但缺乏创造性,无法提高效率。

强迫性格缺陷的危害性在于社会适应性不良,却又被其表象所掩盖。

强迫型性格缺陷的自我纠治方法主要有:

(1)认知升华法。充分认清强迫性格缺陷的特征及其危害,重点是针对性格中的固执刻板性、追求完美的秩序性和过度注意的拘谨性,提高认识并进行自我心理训练,逐步体现遇事坦然不追求十全十美的效果。

(2)纠缠摆脱法。由于强迫性格的一个突出特征是做事情不能顺其自然,有明显过度自我注意的拘谨表现,因此强迫性格缺陷者在自我纠治时,就应针对过分压抑和控制自己的缺陷采取措施,以减轻和放松精神压力。遇到事情尽量泰然处之,不强求事情非要按自己的意愿发展,顺其自然最好。做过的事情,不再去想它,也不去评价它,以实现逐步摆脱自我注意的过度纠缠的目的。

(3)人际改善法。由于强迫性格缺陷者对别人不能容忍,被人看成爱挑剔的人,人际关系紧张,所以要有针对性地进行人际关系的改善训练,做到由不苟求自己到不苟求他人,进而学会肯定他人。要相信通过自己意志的努力,被他人看成爱挑剔的症状是会消除的,从而摆脱人际关系紧张的局面。

5.爆发型性格缺陷的自我纠治方法

所谓爆发,指个体因受到刺激而突然发作某种情绪。其性格特征为平时粘滞凝重,发作时情绪异常、行为冲动。表现为情绪发作前后判若两人。爆发性格缺陷的危害极为明显,发作后情绪行为异常,有攻击性且不计后果,虽有间歇性但无法防止再次爆发。此类性格缺陷男性居多,容易导致人际关系紧张。

爆发型性格缺陷的自我纠治方法主要有:

(1)认知升华法。有此类性格缺陷者想问题过于偏激,行为易冲动,缺乏灵活性,受到微小的刺激都可能暴怒,甚至有攻击行为。认清这些性格缺陷的特征和危害,从思想上重视自我纠治。

(2)言行限制法。认知上的偏激导致言行上的冲动,过于自尊导致微小的刺激都不能克制。因此,在为人处事中,学会积极的自我克制的方法,处处约束自己的言行,特别是在易受刺激的情况下能够主动采取回避的策略,以达到逐步纠治的目的。

(3)自我开导法。所谓自我开导,是针对受刺激后突然爆发情绪的特征而言的,爆发的原因其实是个体对刺激的不能容忍,换作他人这种刺激可能根本不算什么。因此当出现刺激时,要及时开导自己,他人能够接受的东西,自己也能接受,以防止情绪的突然发作。自我开导比他人劝解开导效果明显,因为任何人都是相信自己比相信别人的时候多。

6.攻击型性格缺陷的自我纠治方法

攻击型性格是指个体具有意志控制能力薄弱、对客体持有敌意或进攻性行为的性格。其性格特征为情绪高度不稳定,易冲动鲁莽,缺乏自我控制能力。表现为行动不以慎思为依据,缺少必要的判断和分析,易受人挑唆、怂恿,有攻击和破坏性。攻击型性格又分为主动攻击型和被动攻击型两种类型,其中被动攻击型外表和顺而内心充满敌意,一般表现为对客体(如学习或工作等过高要求)具有不满情绪,常采取借故不合作的间接形式进行反抗(如学生借故不完成作业、不出操、不参加集体活动等)。

攻击型性格缺陷有发展为病态人格的可能。

攻击型性格缺陷的自我纠治方法主要有：

（1）思维纠偏法。攻击型性格的核心特征是意志力削弱，而意志力的削弱导致思维进入了一种瓶颈状态，即对客体的习惯性敌意。所以已知自己具有此种性格缺陷的青少年，在自我纠治时，首先要注意改变思维方式，宽大胸怀，防止对客体的敌意的滋生，不盲从，不受他人挑唆。只有思维方式正确，情绪才会稳定；情绪稳定了，鲁莽行为才会被抑制。

（2）行为抑制法。这是以思维纠偏为前提的方法。因为遇事能够三思而行，判断力就会增强，习惯性敌意也会随之减少（攻击性行为的激发点是敌意）。抑制行为冲动的有效方式是，在易于冲动的情景出现前采取回避措施，保持情绪的可控性。为此加强自我修养很重要，修养高的人，对自己行为的认知度也相对高，对行为的控制力也较强。

（3）兴趣培养法。这里所说的兴趣，虽与琴棋书画相关，但必须是那些高雅、高尚、文明、健康的且摒弃了低级趣味的高层次项目。培养兴趣旨在陶冶情操、高尚心灵、健康心理、转化行为、提高追求、完善品格。切不可把这种训练看成简单的娱乐活动，因为高尚的兴趣爱好可以启迪思想、净化心灵、提高心智、振奋精神，可以提高明辨是非的水平，奠定人生追求的基础，坚定实现理想的信念，还可以分散注意力，发泄过剩的精力，转化心理品质，修正意志行为，塑造良好人格。

7.反社会型性格缺陷的自我纠治方法

反社会性格指个体具有违反社会道德准则和行为规范的言行的心理特点。其性格特征为自控力差，易冲动，缺乏责任心、羞耻心。主要表现为：我行我素，经常发生违法乱纪行为；利己主义，责备他人倾向明显；高度自我中心，坚持错误，明知故犯，屡教不改。

反社会性格又称"病态人格"，在情感和意志行为方面都存在心理缺陷。

反社会型性格缺陷的自我纠治方法主要有：

（1）激情抑制法。此法应用的前提是：在心理医生的指导下，高度认清自身性格缺陷的危害性，能够高度自觉地接受心理训练。具体步骤是：假设一些自己可能出现情绪反应的情景（如自己做错事受到批评时，被他人误解受到批评时，他人有不尊重自己人格的言论时，与他人出现争吵时，别人无故打骂自己好友时，公共场合别人冒犯又不道歉时等等），随后进行想象训练，以不产生强烈的情绪反应为目标，对上述假设的情景展开逐级想象，越逼真越接近生活实际越好。只要自我感觉对想象的情景可以忍耐，不再产生较强烈的情绪反应，说明松弛对抗的效果已经很明显。接下来就可以到实际生活中去直接训练了，即有意识地接触上述不良情景，以检验自己主动抑制情绪反应的实际效果，直到自己的激情行为完全消除。

（2）激怒自控法。心理学从心理机制上把人的激怒发作分为三个阶段，即潜伏期、爆发期和结束期，而所谓激怒自控，实质是个体有意识地在激怒发作的第一阶段主动采取有效的制怒方法遏制激怒爆发。因此与其他方法相比，此法属于一种快速对抗的方法，适用于暴怒即将发作之时，结合升华法、转移法、幽默法效果更佳。比如：迅速离开争吵现场，转移注意力，避开引起激情发作的刺激源；分析他人的性格特征和心理状态，避开对方的锐气，避免以急躁对急躁，以缓对急，以柔克刚，让对方充分发泄，自动消气息火。争吵和激怒的根源是自尊心理，只要自尊心理不作祟，实现快速制怒的可能性也就大。

（3）读书自修法。读书可以自省，知书可以达理。自我修养的提高，一般是通过博览群书获得的。因此，若想修正自我性格缺陷，必先修养身心，学习知识，研读世界名著（重点研读一些哲学、逻辑、政治思想修养方面的书籍），以增强心理行为自控能力。在读书训练期间，若能坚持每日写体会，对照书中的道理主动进行自我反省，效果会更好。读书自修贵在坚持，如此则能起到明辨是非、开阔心胸、陶冶情操的作用，实现自我修正的目的。

（4）行为纠偏法。此法适用的前提是个体提高了认知能力、有纠正不良行为的充分自觉性。如遇事易激怒者可以通过奖惩方法强化训练。即每日考核激怒的纠治情况，每克制一次激怒，就以自己能够接受的方式奖励自己一次,反之则用自己能够接受的方法惩罚自己一次。其他如打人、说谎或偷窃行为都可以这样纠治。习惯成自然,渐渐地明辨是非的意识不但可以增强,不良行为也可以得到较好的抑制。需要强调的是,这种训练必须坚持,最好有自己信得过的人督促和考评,以巩固训练效果。

(5)情绪调节法。对于青少年而言,无论有无反社会性格缺陷,具有调节和控制自己情感活动的能力,都是十分必要的。个体无法控制自己的情绪,心理平衡就难以实现,这是导致各类心理缺陷的普遍原因。因此,任何人都有必要学会自我情绪主动调节方法。凡遇大喜大悲状态,要主动进行自我情绪的控制和调节,尽量减少诱发性格缺陷大爆发的可能性。例如,喜从天降之时,要能够抑制过分激动的情绪,收敛狂妄自负的言行;激惹愤怒之时,要能够镇静难以克制的情绪,疏导郁结心中的怒气;烦闷忧愁之时,要能够释放愁苦不堪的情绪,自解无法自拔的范围;忧思过虑之时,要能够转移相对兴奋的中心,分散过分集中的注意;痛苦悲哀之时,要能够娱乐压抑紧张的神经,淡化痛不欲生的感受;孤独寂寞之时,要能够淡定急躁难耐的心态,安慰莫名闲适的心情;惊慌失措之时,要能够镇定不安失色的情态,坚定不堪一击的信心;恐怖突袭之时,要能够支持永不放弃的信念,沉着应对突发的状况。只有这样,才能使情绪始终保持稳定平衡状态。

8.依赖型性格缺陷的自我纠治方法

依赖型性格缺陷指个体在思维和行动上表现出过分的依附心理,缺乏抱负和独立能力。其性格特征为缺乏独立性,无助和孤独感明显。表现为懦弱少主见,怕被遗弃而过分顺从他人意志,一般靠依附他人来实现自己的需求,以免承担责任,否则有被毁灭和无助的体验。

依赖型性格缺陷者通常责任意识淡薄,惧怕比较复杂的思维活动,无长远追求,易于满足现状。

依赖型性格缺陷的自我纠治方法主要有:

(1)认知升华法。心理发育不良和心理幼稚化常常使人心理需求水平低下,过分依赖他人。因此提高认知的目的是要确立正确的人生动机,形成符合社会需要的人生观,提高心理认识水平。解除依赖心理的具体方法,指加强社会化学习,如阅读名人传记、外出参观游览等,以扩大视野,培养独立生活能力和决断能力,确立正确的人生观、价值观,学会独自承担责任。

(2)习惯纠正法。纠治依赖型性格缺陷的核心是纠正依赖行为,因为依赖行为成为一种习惯后才强化了依赖心理,若想弱化依赖心理,必先破除这种不良习惯。常言道,习惯成自然。要清除习惯性依赖行为,必须坚持遇事自己做决定,事无巨细,不能有一丝一毫的动摇。哪怕有些决定被证明是错的,也不后悔。同样道理,只有依赖行为被根除,自主意识才会树立和增强,自主行为才会成为新的习惯。在训练中,关键是要能够通过成功的自主行为树立信心,防止依赖行为反复。

9.癔症型性格缺陷的自我纠治方法

癔症性格指个体具有明显的情感过程不成熟、不稳定的心理特点,即本质上不能把握自己和理解他人。其性格特征为情感稳定性差、自我中心、高度暗示性、戏剧性、用幻想代替现实等。癔症性格缺陷者表现为:情感具有丰富性而缺乏稳定性,具有戏剧性而缺乏深刻性,具有暗示性而缺乏自主性,具有幻想性而缺乏现实性,具有依赖性而缺乏独立性,具有敏感性而缺乏容忍性。其危害是,以自我为中心,不能省察自己和理解他人,导致社会适应不良,人际关系紧张。

癔症性格缺陷者大多为女性,且常在 25 岁以下。

癔症性格缺陷有发展为病态人格的极大可能,应引起高度重视。

癔症型性格缺陷的自我纠治方法主要有:

(1)认知升华法。升华强调的是质的变化,提高认知必须达到质的飞跃,因为认知升华的目的是解决个体心理发育不成熟、天真幼稚、幻想丰富和自我中心等问题。一般,癔症性格缺陷者能够察觉自身性格缺陷,但对其危害认识不清,主要还是缺少认知能力,无法靠自身力量进行改善。所以提高认知能力,实现自我认知的飞跃,充分认清自身性格缺陷的危害性是纠治的前提。

（2）读书训练法。情感战胜理智是癔症性格缺陷产生的根源，因此要勤于读书，特别是多读对理性思维有助益的书，学会理性思维，针对心理不成熟缺陷积极进行训练，以改变情感高度不稳定的缺陷。人有时不能接受他人的劝解，但能够接受从书中读来的道理，所以读书是使人走向理智的渠道之一。只要坚持读书训练，遇事就不会仅凭情感决断，更不会用高度不稳定的情感来代替理智了。

（3）行为自检法。癔症性格缺陷主要特征之一就是心理动荡不安。心理动荡不安导致心理行为不稳定。克服心理动荡的前提是，培育良好人格品质，坚持对自己的心理行为进行检查，实现自我反省。自我检查、自我反省，是用理智来控制自身的心理行为，以消除心理行为带来的危害。行为自检贵在坚持，因此要树立信心，鼓励自己，以强化心理训练效果。

第十讲　青少年如何进行人际交往

一、人际交往的意义

　　从前,有一个脾气很坏的男孩,他的爸爸给了他一袋钉子,告诉他,每次发脾气或者跟人吵架的时候,就在院子的篱笆上钉一根钉子。第一天,男孩钉了37根钉子。后面的几天他学会了控制自己的脾气,每天钉的钉子也逐渐减少了。他发现,控制自己的脾气,实际上比钉钉子要容易得多。终于有一天,他一根钉子都没有钉,他高兴地把这件事告诉了爸爸。

　　爸爸说:"从今以后,如果你一天都没有发脾气,就可以在这天拔掉一根钉子。"日子一天一天过去,最后,钉子全被拔光了。爸爸带他来到篱笆边上,对他说:"儿子,你做得很好,可是看看篱笆上的钉子洞,这些洞永远也不可能恢复了。就像你和一个人吵架,说了些难听的话,你就在他心里留下了一个伤口,像这个钉子洞一样。"

心理按摩

插一把刀子在一个人的身体里,再拔出来,伤口即使愈合了,但疤痕还在。无论你怎么道歉,伤痕总是在那儿。要知道,身体上的伤口难以恢复,心灵上的伤口同样难以恢复。你的朋友是你宝贵的财产,他们让你开怀,让你勇敢,让你感到生活充实。他们总是随时倾听你的忧伤,抚慰你的创痛。你需要他们的时候,他们会支持你,向你敞开心扉。即使你远在天边,他们也不会让你感到孤单寂寞。朋友就是这样,有他们在,你的幸福就会扩大,你的痛苦就会缩小。

有人说:"有朋友真好,你只想要一缕春风,朋友却给了你整个春天。"人际关系的意义,就在于此。

健康护照

人不可能离群索居。用一句最朴实的话来概括人际交往的意义,那就是,可以在与他人的交往中获得快乐。对青少年而言,人际交往的意义主要体现在以下几个方面:

1. 排解孤独

人类的发展进程证实,人最惧怕的是孤独。所以人们宁可与人发生冲突,导致不愉快,也不愿离群索居。因此我们可以这样认为,排解孤独感是人需要人际交往的首要原因。孤独是人生不幸的大敌。有人说,排解孤独的最好方法就是助人。说白了,助人其实是把建立良好的人际关系的主动权掌控在自己手中。和谐人际关系,就等于为自己开辟了一块阳光广场,内心深处就不会因为孤独而阴暗。不孤独的人生,何来忧郁、悲哀和痛苦!青少年要深明人际关系的要义,主动发展友谊,使自己的人生远离孤独的困扰。

2.获得认同

人都有存在意识,而存在的体现是社会认同。人生的价值,必须是在不断地通过社会比较获得充分信息后,才可以自我认定的。也就是说,自我认定必须以社会的评价体系为依据。只有社会的评判信息与自我评判信息相吻合,才能使个体相信自己是有价值的。有了认同感,就有了改善自我的需要,有了进取的动力。青少年要实现自己远大的志向,就应学会构建和谐的人际关系,为争取建立最大化的社会支持体系铺平道路。

3.平和心态

与人交往可以获得友谊,但这不是实质。实质是,与朋友分享快乐会获得更大的快乐,向朋友倾诉痛苦就会减轻痛苦。因此,人际交往获得的不仅仅是友谊,更主要的是心理上的平衡。平衡的心理,是保证人生快乐的前提。没有谁生活在别人的恶言中而感觉快乐的,只有建立了良好而稳固的人际关系,才能为平和的心态提供支持,以奠定人生快乐的基础。青少年要使自己保有积极健康的心态,就应从眼前做起,努力改善人际关系。

4.有利健康

青少年的身心发育正常与否,与人际交往的正常与否关系密切。心理医学的研究表明,许多生长发育期的疾病,都与人际关系不良有直接关系。因为人际关系不良,导致的情绪不稳定或心理状态不佳,其直接后果是身体的健康受损。人生的成功,需要身心健康为保证。健康如珠玉,有之则光彩,无之则暗淡。健康是享受人生、奋斗人生的基石,而维系这一基石的,恰恰是良好的稳固的人际关系。青少年要遵从创建良好人际关系的准则,使之为维系自身的健康服务。

5.健全个性

良好稳定的人际关系,往往与良好的性格成正比。青少年在成长发育的进程中,离不开良好稳定的人际关系的支撑,而稳固的人际关系又依赖良好的性格作基础。因此只有潜心修炼性格,提高心理健康水平,才能与别人建立积极的交往,融洽人际关系。良好个性的养成,是与社会期望相一致的,这是许多心理学家研究的一致结论。

因为,这样的青少年具有积极交往和建立良好人际关系的个性特点,如友善、诚挚、宽厚、守信、可靠等。人际关系状况影响个性发展和健康,这已是不争的事实。青少年要学会摆正人际关系在人生发展中的位置,使良好的人际关系与健全的个性成为互补因素。

6. 保障安全

人都需要安全感,而获得安会感的最有效途径是人际交往。人所需要的安全感分为两种:生物性安全感和社会性安全感。与其他的生物体一样,自我保存是人的原发性需要。满足这种需要的前提是建立人际关系,因为自然界各物种的个体生存概率远远低于群体生存。例如个体在面临危险的情境时,会产生恐惧感,此时其最大的愿望,就是与别人在一起。与他人交往,可以直接而有效地减少恐惧感,使自身获得安宁。与原发性需要不同的是,社会性安全感的建立以人际关系的稳固为前提。稳固人际关系的本质是稳固人与人之间的情感联系。例如,一名学生由初中升入高中,在旧的人际关系无法发挥作用而新的人际关系还没有建立之前,陌生的人际环境就可能构成了其安全感方面的危机。解除这种危机的途径,只有建立新的可靠的稳定的人际关系。所以,青少年个体要高度重视建立稳固的人际关系。

7. 促进发展

书本知识是有限的,人际交往是个体获取新知识的有效途径。人类社会的发展史证明,人的成长和发展离不开社会化。因为任何人都无法脱离与他人的联系而独立生存和发展。如同婴儿被切断了与母体的联系而无法独立生存一样,我们都需要从人际关系中得到扶助,以彰显人生的价值。21世纪是现代科学技术飞速发展的时代,社会化程度越来越高,我们只有依靠群体的力量,才能获得社会生活的资格,从而迈向成功之路。个人的发展是在人际互动中实现的,因为人的发展所需要的信息、机遇、智力支持等都是借助人际交流获得的。对青少年而言,建立良好而稳固的人际关系,有利于启迪思维、开发智能、促进成长和推进发展。

8. 幸福人生

国内外的多项调查表明,人生的幸福往往不取决于金钱、名誉、地位等因素,而良好的人际关系对人生的幸福反倒起着至关重要的作用。现代社会,许多人并不缺少金钱,金钱能够解决许多问题,但就是解决不了亲情、友情问题。与家庭成员、朋友、同事建立情感上的密切联系,保持融洽的关系,是决定人生幸福的前提条件,一旦这个条件缺失,生活就仿佛失去了目标乃至继续前进的动力。从各种新闻媒体中,我们可以找到许多由于人际关系恶劣导致的自杀或他杀事件,这足以说明,人际关系是否和谐,直接左右着人生的幸福指数。青少年要学会珍惜来之不易的良好的人际关系,努力扩展人际交往的渠道,为人生幸福打好基础。

二、人际交往的心理基础

故事引路

台湾著名艺人林志玲拥有众多"粉丝",即使年龄一年大过一年,她的人气依然不减。

有一次,林志玲代言的浪琴表要举行记者见面会。见面会的主题确定为"舞伶",浪琴表台湾区副总经理希望林志玲表演一段舞蹈,但是林志玲的经纪人认为不适合,怎么也不同意,彼此僵持下来。林志玲在一旁听到了双方的对话,心里已经有了主见。等到出场时,她悄悄脱了不适合跳舞的鞋子,光着脚登台献艺。那位总经理也只是希望林志玲摆摆 POSE 就可以了,所有的人都想不到,她竟然跳了一段长长的舞蹈,引得台上台下的人心里都热乎乎的,"粉丝"们更是异常感动。

2006 年 6 月,浪琴表邀请林志玲到古都西安宣传。宴会盛大,当地100多位经销商与林志玲一起用餐。经销商们以桌为单位，纷纷和林志玲友好握手、合影留念。细心的人注意到，身高174厘米，又脚穿高跟鞋的林志玲，每一次都要膝盖微弯，蹲到跟对方一样的高度，目光平视，方才同对方握手。一位负责人感慨地说："她就那样总共蹲了80多次，我从来没见过任何一位艺人这么做过。"林志玲良好的修养和真诚的态度打动了所有在场的经销商。当时，浪琴表的全球总裁霍凯诺先生也在场，亲眼目睹了林志玲真心待人的感人细节，对她大加赞赏。后来，他邀请林志玲代表公司出席瑞士巴塞尔钟表赛。正是这次出席，使林志玲有机会在国际媒体上曝光，成为备受瞩目的焦点人物，这使她的人气更旺了。

许多女明星在衣着服饰上都非常挑剔，丝毫不给造型师面子。林志玲却不是这样，她从来不会让自己的主观喜好抹煞了别人的努力和心思。造型师准备的每一件衣服，她一定都会试穿，即使遇到她最不喜欢的动物纹款式，她也会说："好，我去试给大家看，等到通通都试完，我们再来讨论。"林志玲的造型师称赞她是自己见过的最会做人的人。

不少明星都觉得媒体记者最难对付，甚至害怕跟记者接触，有的还公开骂记者，将双方的关系弄得很紧张。曾经采访过林志玲的一位记者，在自己的采访手记里这样写道："她耐心、礼貌地回答所有问题，原定30分钟的采访，让我们足足问了一个小时，结束前她以惯有的甜美嗓音说：'如果还有什么问题，我这几天都还在台湾，还可以再问我。'这是连普通的受访者都很少会提及的话。"

心理按摩

连普通人都很少提及的话，一个人气正旺的大牌明星却提及了，她真心待人的平常心可见一斑。那份优雅平和、镇定自信正是一些喜欢摆架子的偶像、明星们所欠缺的。

许多人都在成功路上追求大智大勇，认为智慧之花盛开在高大处、深刻处,却不知道拥有一颗平常心,真心待人,才是真正的处世智慧。林志玲的言行得到广泛好评的原因,是她遵循了人际交往的一般原则,重视人际交往的心理基础。

健康护照

心理学家一般把认知、情感和行为视为人际交往心理基础的三个要素。认知是人际交往的前提条件——人与人能建立一定的关系,首先是通过感知、认识、理解来实现的,没有认知,人际交往就成了无水之萍;情感是人际交往的调控因素——人际关系的亲疏,是通过满意或厌恶等情感来调控的,没有情感,人际交往就成了无底之渊;行为是人际交往的沟通手段——人与人沟通交流的目的,是借助语言、表情、姿态、行动来达成的,没有行为,人际交往就成了无梁之桥。

1. 认知

认知是人际交往的内在(亦称内显)因素,在人际交往的心理基础三要素中居首位。认知一般分为认知自我和认知他人两个方面。

认知自我,也叫作自我认知,指对自己的身体状态(如健康、长相)、心理状况(如性格、爱好、情感意向)和社会关系状态(如阶层、地位、被人接受的程度)等方面的认知。对于青少年个体而言,能否正确地自我认知,对在人际交往中能否协调人际关系意义重大。也就是说,有了正确的自我认知,人际交往正常,人际关系的发展趋势积极;有了片面的自我认知,人际交往失衡,人际关系的发展趋势消极。例如,一个人不能全面正确地认知自我,无法认清自己的优势和价值,眼中只有自己的劣势或不如人意的方面,就会感觉自卑,否定自己,进而缺乏与人交往的信心;反之,一个人若眼中只有自己的优势,以为自己处处胜人一筹,就会盲目自大,产生优越感,导致人际关系紧张。再如,当自我评价与客体的评价不一致时,就无法保持与客体关系的平衡,产生由认知悬殊而引发的矛盾,形成人际交往紧张态势。那些自以为是、自我中心、盛气凌人等表现,大多是认知的主客体不一致的结果。

认知他人,在认知内容上与认知自我大体相同,只是在对他人的认知形成某些结论之前,常常受一些认知干扰因素的影响,而可能发生与客观公正相悖的各种偏差。一般我们把那些对他人认知有影响或干扰的因素称为人际认知的心理效应。

常见的导致对他人认知偏差的心理效应有:

(1)首因效应。首因效应是指第一次形成的印象对人际认知产生的强烈影响和效果。第一印象不管正确与否,都会在主体的意识中留下鲜明而不可磨灭的印记,进而影响对客体的评价和交往。认知主体对认知客体的第一印象好,就建立了继续与之交往的基础,主观上有了与对方建立密切关系的意愿。否则,就不愿意继续交往,并呈现情感上的排斥,抑或因为某些客观原因(如求学、工作等)暂时无法与之脱离接触,也会对双方关系的深入发展持否定态度。首因效应对认知他人造成的偏差,主要体现在与陌生人打交道时。青少年就要时刻提醒自己,认识他人应慎重、全面,不能仅凭第一印象就确定对他人的评判,更不能仅凭第一印象就决定是否与对方建立交往关系。

(2)近因效应。近因效应是指最近形成的印象对人际认知产生的强烈影响和效果。事实上,在人际认知活动中,最近的印象往往掩盖以往的认知,主导着主体对客体的评价。例如教师因某个学生最近一次表现而改变了对他的看法,或学生因同桌最近一次表现而改变了对他的看法等。近因效应所产生的偏差,常常表现为主体因客体最近的一次失误而否定其前面的成绩,或因客体最近的一次成功而忽略其前面的失误。这是认知他人常常出现的偏差现象。在人际交往中,越是熟悉的人越容易产生近因效应,因此青少年一定要杜绝仅凭一时一事而忽略了历史地全面地看待他人的现象。

(3)晕轮效应。晕轮效应也叫光环效应,指主体对客体的认知因受一种以点代面、以偏概全的认识倾向所影响而产生的效果。所谓光环,即通称的风圈,学名月晕,是月光通过云层中的冰晶时,经折射而成的光的现象，一般为内红外紫的光环，常被视为风前的预兆。晕轮效应表现为：如果认知主体认识到客体具有某方面突出的优点（或缺点），就会认为客体的其他方面也都是优点（或缺点），客体就被一种积极肯定（或消极否定）的光环笼罩，并被赋予更多优良（或低劣）的品质。在青少年的人际认知中，晕轮效应的发生比较普遍，例如学生普遍喜欢年轻貌美的女教师或英俊潇洒的男教师，因此认为其所有的方面都是优点，而忽略了道德品质、学识水平等多方面的正确评价。这种人际认知偏差就是我们常说的一白遮三丑或爱屋及乌现象，必须通过实践，有意识地加以防范。时间是最好的试金石，有些认识，通过时间的检验是可以得到验证的。防止晕轮效应的有效办法，就是不急于对认知客体下结论，而是通过一段时间来全面检验。

（4）刻板效应。刻板效应是指对客体的认知受某种比较固定的类化的看法影响而产生的效果。刻板效应的特征，如同戴上有色眼镜去看人，形成了一种认知上的定型。例如，人们习惯于按出身或职业评判客体，认为工人豪爽、农民质朴、学生单纯、教师文弱、商人精明、军人干练等。这些类型化的认识，缘于人们意识中已经形成的对事物种类的固定印象。刻板效应导致的人际认知偏差表现为：在认知他人时，往往会先入为主，将某个客体的一些特征归属为某类人群，再将自己意识中固有的属于这类人群的典型特征回归给这一客体，以此为据而忽略了通过现实表现全面评判他人的原则。产生刻板效应的渠道一般有直接和间接两种：直接交往获得的印象比较单一；间接交往除他人介绍外，大多来自于各种媒介的传播，其中广播、电视、报纸、互联网等公众媒体的影响度较大，获得的印象相对深刻。有鉴于此，刻板效应还存在积极的一面，即固化的认知之中存在着合理的可信的成分，且对简化认知过程、快速做出判断有利。但是，我们不能因此而忽视了它的消极作用，即不论获得认知的渠道如何，都容易使人认识僵化、保守，形成不正确的刻板印象。消除刻板效应在人际认知上的偏差，要充分认清认知方面存在普遍性与特殊性的区别，不可用某种定型的看法去衡量所有的人。因此青少年要加强思想修养，广泛涉猎科学知识，不断更新观念，学会用辩证的思维方式评判认知对象,以预防刻板效应引发的人际认知偏差。

(5)投射效应。投射效应指把自己的意志、情感等投射到他人身上而形成的一种认知效果。这种认知偏差的特征是,以己度人并将自己的意志强加于人。以己之心度人之腹的结果,自然是在评判他人时经常出错。我们会不时地听闻一些人受骗上当的案例,究其根源,就是投射效应在作祟。之所以会受骗上当,是因为自己心地善良,就以为别人都是善良的。就是把自己的感情意向投射到了骗子的身上。我们很少听到骗子受骗上当的新闻,因为经常算计别人的人,就会觉得别人也在算计他,即使别人出于真情,这种人也会认为别人是在算计他。我们常说的以小人之心度君子之腹,就是这种投射效应。投射效应主要表现为情感投射和评价投射。情感投射指个体认为别人的好恶与自己相同,如时刻围绕自己喜欢的某一事物展开话题,丝毫不考虑别人是否感兴趣,一旦不能引发共鸣,则认为是别人不给面子。评价投射指个体对自己好恶的人或事物持有相同的评价,爱屋及乌就是典型表现。如对自己所喜爱的人或事越看越喜欢,越看优点越多,因而过分地赞扬和吹捧;反之则越看越讨厌,越看缺点越多,因而过分地指责甚至中伤。我们主张人际认知应遵循客观性原则,其中就是在强调,要防止投射效应这类认知偏差。青少年要经常提醒自己,切忌投射心理倾向,要客观地认识自己和他人,认清人与人的差异,避免对他人进行美化或丑化,以和谐人际关系。

2. 情感

情感是人际交往的驱动因素,包括联合情感和分离情感两个方面。

联合情感是驱动人们相互接近的心理反应,如喜欢、爱慕、热爱等。一般我们把联合情感称作正驱动因素,因为在联合情感的作用下,主体与客体之间是一种相互吸引的人际关系。分离情感是驱动人们相互排斥的心理反应,如厌恶、鄙视、憎恨等。一般我们把分离情感称作负驱动因素,因为在分离情感的作用下,主体与客体之间是一种相互排斥的人际关系。正因为情感在人际交往中是不可或缺的驱动力,且正驱动形成的是肯定的、积极的人际关系,负驱动形成的是否定的、消极的人际关系,所以,任何人都不可忽视情感在人际交往中的这种作用。

　　青少年要充分认清情感在人际关系中的意义,积极调动自己的联合情感,主动抑制分离情感,为建立、保持、发展积极的人际关系服务,为创建和谐社会做出贡献。

3.行为

　　行为是人际交往的外在(亦称外显)因素,大体分为积极行为和消极行为两种。

　　行为是人际交往的手段,是沟通交往双方的桥梁,是个体之间交往意愿相互作用的表现,它的出现一般取决于情感的驱动,即积极的行为受控于联合情感,消极的行为产生于分离情感,由是形成两种相互对立的类型。如援助与攻击、合作与分离、竞争与挑战、协调与冲突、支配与服从等。无论哪一种行为,都属于人际交往的客观存在,是无法回避的。因此我们要想建立和谐的人际关系,就必须高度重视并学会控制自己的行为。

　　需要指出的是,人际交往的行为调控不是一个单一的过程。行为只是人际交往整个循环系统中的显性环节,而我们说任何个体在交往中都必须适度把握自己的行为,只是在强调行为的外显作用,特别是要重视消极的行为对人际关系的显性伤害。

　　作为青少年,要清楚人际交往的行为往往体现了一个人为人处事的品德,而品德高尚的人,才更具有吸引力。所以要树立起品德高尚的形象,必须调控好自己的交往行为。当然,调控行为的前提是建立良好的认知和情感基础,因为有什么样的认知就会产生什么样的情感,有什么样的情感就会导致什么样的行为。

　　总之,人际交往的心理基础左右着人际关系,其中的每一个要素都是不可忽视的。

三、人际交往的特点

故事引路

　　一年一度的英特尔国际科学展正在美国亚特兰大世界展览中心进行。这是全球最大规模的中学生科学竞赛，获奖者除了能得到丰厚的奖学金外，还能获得奖品、学费补助、暑期工读及考察补助等。

　　在其中一个不到一平方米的展位前，怯怯地站着一位黄皮肤的姑娘，今年17岁，是台北市第一女子高级中学二年级学生苏意涵。在她的对面，去年得到青年科学家首奖的美国学生，正被评委和参观者围得水泄不通，人数足有她的10倍！

　　情急之下，她跨出展位，拦住路过的一位评委："先生，您能给我5分钟的时间吗？"结果她被拒绝了。要知道，总决赛的评委个个是顶尖的专家。于是她不得不回到展位，几分钟后再鼓起勇气出去，还是被拒绝。就这样，她一连被拒绝5次。终于，第6位停下了脚步，她立刻掌握机会，滔滔不绝地讲了5分钟。

　　苏意涵得到了鼓励，立即改变战略："先生，可以给我一分钟吗？"这招果然有效，一个个评委先后被她成功拦截。只要你肯停下脚步，我就会让你留下来！姑娘就凭着这份自信，终于让展台前围了一小圈评委。接着，她清晰、充满自信的声音像磁铁一样，把围绕在对面展台的评委也一个个吸引过来了。

　　她的实验做了一次又一次，一直到所有的展台已经没有围观者，她才结束了最后一次实验。"因为评审一人一票，更多人认识我的实验，开会讨论时就会受到更多的关注。"姑娘明白这个规律。

　　38小时之后的颁奖典礼上，得奖学生的名字揭晓了。没想到，苏意涵不但抢下化学科首奖，压轴的"青年科学家奖"竟然也是她！在历年的36位大奖得主中,仅有6人不是来自美国,而她是来自亚洲的第二个幸运者!

心理按摩

苏意涵参加的竞赛的规则其实很公平:你如果连吸引评委前来聆听你的研究报告、观看你演示发明成果的能力都不具备,不论你的发明多么伟大,你也只好和竞赛说声再见。在那样的场合,机会只有凭实力去争取,没有后门可走,没有关系好拉,哭也是没用的。在分析拿下大奖的原因时,她的辅导老师这样说,除了良好的选题,还得益于她在极短的时间内能让评委全面了解自己实验的表达能力,更离不开她敢于在关键时刻跨出展位向评委说"请给我一分钟"的胆略!

苏意涵成功的各因素中,核心因素是人际交往的因素。语言表达能力是人际交往不可或缺的关键因素,而跨出展位,则是她善于争取机会、主动推销自己的策略,也体现她人际交往角色定位的准确。

健康护照

处于学校教育阶段的青少年,与父母和家庭其他成员的接触逐渐减少,与同学和朋友的接触越来越多;以家庭为中心的交往逐渐减少,以集体生活为中心的交往越来越多。此时正是青少年发展自我概念、进行角色认定、社会地位形成的重要时期,因此,了解这一时期的人际交往特点,有利于明确个体应扮演的角色,使人生具有方向与目标,不至于产生迷失或混淆。

1. 以集体为中心的群体交往

学校是一个集中从事教育的机构,是一个组织性较强的集体。

这个集体的"集体性"特点相对突出：目标明确（中考、高考）、组织严密（年级、班级、学习小组；班委会、各学科代表；班主任、学科教师、家长委员会或代表）、纪律严明（行为规范、校纪、班规）、人际单纯（师生关系、同学关系相对平等，较少纯粹性利益冲突）、舆论健康（违反道德的言行无市场，个人受集体监督）、理想高尚（幸福人生、服务社会、报效国家）等。另外，共同的学习内容、统一的着装、相同的作息制度等，无一不体现集体色彩，一切学习生活无时无刻不处在集体之中。

青少年人际交往的集体性特征是其他社会组织无法复制的，有其独特性。

学校首先体现了地缘上的人际关系的密切性，即某一地区的同龄人为接受相同的教育而集中到一起，形成了用共同的语言交流共同的话题、共同的经验、共同的感受的密切的人际关系。另外，青少年这种以集体活动为中心的人际交往，在时空上非常接近，是任何其他的因素无法取代的，因此其人际关系上的亲密性也是一种客观存在。

2. 以友谊为纽带的特殊交往

与他人建立关怀与满意的关系，是青少年在学校这个集体中建立特殊人际关系的情感需要。这种特殊的人际关系一般以个体对个体的友谊为纽带，是集体活动以外的补充交往，且这种交往是非常普遍的。

青少年建立在友谊为基础的交往，主要体现在性别方面。虽然男女平等意识在学校组织中体现得最好，其他社会组织无法与之匹敌，但同性别之间的交往，还是被普遍认为合理的，否则容易被视为违背情理，即违背校园人际交往的潜规则。通常，同性之间的交往不会引起第三方猜忌，有利于交往关系的稳定。但如果同一集体中的男女成员比例失衡，也有可能出现交往过程的性别歧视现象。

由于以友谊为纽带的特殊交往是自愿、自由的，且其人际关系建立的基础是情感因素，所以这种人际交往有时会超越集体活动为中心的人际交往，并对其产生积极或消极的影响。因此，防止形成狭隘的小圈子，遵守人际交往的基本原则，保持集体关系的和谐与稳定，是发展以友谊为纽带的特殊交往关系的前提。

3. 以利益为基础的平等交往

在学校的集体生活中,个人的目标与集体的目标是一致的。因此,青少年在人际关系中没有根本的利害冲突。根本利益的一致性决定了人际交往的平等性。

平等性交往,有利于青少年人格的确立和身心健康,也有利于集体的凝聚力的形成。有凝聚力的集体,在人际关系上有安全感,在人格上有被尊重的基础。平等才会有彼此尊重、相互关爱。因此,处于集体生活中的青少年,要尽量做到让自己的目标与集体的目标保持一致,淡化个人与集体利益有严重冲突的那些需求,与他人保持平等性交往。

4. 以异性为对象的角色交往

将儿童期的同性兴趣与玩伴转向异性的关怀与情谊,是青少年期人际交往发生的一个显著变化,亦是青少年人际交往的角色需求。特别是处于中学阶段的青少年,学习与异性交往的方法及技巧,寻求表现被接受的性别角色,有利于促进个人健康心理的形成,有益于未来择偶与婚姻的成功,有利于社会的和谐发展。

青少年以异性为对象的角色交往不同于其他交往,因为这种交往是建立在角色差异的基础之上的。异性之间的交往活动是有许多"限制"的:这种交往既要遵循平等原则,也要体现得体的要求;既需要方法和技巧,也需要理智的参与;既需要纪律的约束,也需要道德的约束。因而与异性的人际交往,无不打上"限制"的烙印。从这一意义上说,没有限制,就不能产生正确的角色心理;没有限制,就不能建立健康的性别意识;没有限制,就不能形成符合社会规范的人际关系。

总之,青少年的人际交往受情感、理智、法律、道德等诸多约束,遵循这些约束,是进行正常人际交往的重要基础。了解和把握青少年人际交往的上述特点,有利于形成一种极为牢固的良好的人际关系。

四、人际交往的原则

故事引路

　　弗兰西斯·培根是 16 世纪英国文艺复兴时期最重要的散文家和哲学家。他不但在文学和哲学上多有建树，在自然科学领域也取得了重大成就。但是培根为了出人头地，费尽了心机，竟然找到他姨夫的政敌、女王的宠臣艾塞克斯勋爵作靠山。23 岁，培根出任了英国下议院和艾塞克斯勋爵的私人顾问。艾塞克斯经常送钱给培根，把挥霍无度的培根从债主的手中解救出来，还赠送了一笔财产和一套华丽的住所。然而，当艾塞克斯失去女王的宠幸时，从艾塞克斯那里得到好处最多的培根，竟然见风使舵，在法庭上指控艾塞克斯阴谋篡夺王位。培根的演说引起群情激愤，艾塞克斯被判死刑。培根以为把自己的恩人送上了断头台，可以得到一大笔奖赏，但这次出卖良心的举动仅仅换得了 1200 英镑。

心理按摩

　　有人说，这个故事反映出培根具有双重人格，这话不假。但培根的双重人格是怎样形成的，这就需要进一步探讨了。虽然双重人格的形成有多方面的原因，但不遵循人际交往的原则，却是一个主要的因素。

　　我们来看故事中的培根：为了出人头地，费尽了心机，竟然找到他姨夫的政敌、女王的宠臣艾塞克斯勋爵作靠山；这还不算什么，他竟然在其恩人失势时落井下石，出卖良心！这些行为都与人际交往的心理学原则背道而驰，表现了一种不自尊、不自爱的人格缺陷。

与其相反，美国总统布什在自己的农场刚下飞机，就遇到了雷雨大风，刚把雨伞打开，一阵大风就把伞面吹翻，他尴尬地嘟囔一句后，把伞面翻转过来，转身给来访的女士撑起伞，自己的大半个身子露在雨中。布什的行为就体现了人际交往的基本原则，因此不失一个政治家的风范。

健康护照

友好交往是人际交往的实践准则。青少年要遵循这一交往准则，就应该了解人们交往的普遍的心理规律，把握那些与心理学相关的交往原则。只有了解、把握这些规律和原则，才能在人际交往中立于不败之地。

1. 真诚原则

所谓真诚，指以尊重为前提的真实诚恳的交往。哪怕掺了一丝的虚假，人际交往都无法正常延续。在现实生活中，人们高度看重真诚，因为"真诚"等于"安全"的代名词。人们在交往中无法预见自己的利益是否受到侵害，就是因为与之交往的对方不能让其放心，有某些"安全"顾虑。可见，真诚是赢得信任的前提。用欺骗的手段只能蒙蔽一时，而真诚却能赢得长久的友谊。以真诚换真情，接纳的是理解和信任；以虚假对真情，接纳的是厌恶和背叛。待人真诚作为人际交往的一条基本准则，意义就在于它能够保证人际关系的延续和深化。因此，青少年要十分注重在人际交往中贯彻真诚原则，以巩固和发展良好的人际关系。

2. 尊重原则

所谓尊重，指在人格上尊敬、重视自己和他人。尊重自己就是我们通常所说的自重自爱，其前提是尊重和维护他人的人格；尊重他人的人格，主要体现在对他人的各个方面（如工作、习惯和爱好等）的尊重。"己所不欲勿施于人",就是在强调尊重原则。在人格上,人与人之间是平等的,不管种族、性别、职务、权力、能力、生理或其他条件有什么不同。有的青少年因为自己的父母在社会上有一定的地位,就自以为是,瞧不起普通家庭的同学;有的因为自己的遗传优势,就自命不凡,瞧不起在遗传方面不及自己的同学;有的因为自己学习成绩优良,就自视清高,瞧不起学习能力不如自己的同学……凡此种种不尊重他人的表现,根源于不能自重自爱。道理其实再简单不过了,物理学讲究的作用与反作用力原理表明,轻视他人必然会伤害他人的自尊心,因此得到的回报也必然只有一种可能——被轻视。现实生活中,你疏远别人别人也疏远你,你关心别人别人也关心你,你歧视别人别人就仇恨你,可见彼此尊重是人际交往的基础。

3. 宽容原则

所谓宽容,指在非原则问题上不计较或追究,宽厚大度,有气量。从心理学角度讲,人与人交往的目的是得到他人的确认,这是由维护自我价值的需要决定的。因此,任何个体在与他人的交往中都希望得到对方的肯定,包括对自己的过错的宽容和谅解。反之,则产生抵触情绪,形成交往障碍。青少年由于成长环境、阅历见识和气质性格等方面的差异,对他人的认知、判断都可能出现错误,因此造成的误会或矛盾,都需要对方谅解和宽容,否则交往的裂隙将无法弥补。宽容是人际交往中不可或缺的品格,是一种懂得尊重的胸怀。会宽容的人,首先是善解人意的人,因为理解他人往往是人际交往中比较难以做到的事情。古人所谓"不以求备取人,不以己长格物",其实就在提示我们,宽容他人、理解他人和尊重他人都是我们在人际交往中应该奉行的准则。会宽容的人,具有坦荡大度的胸怀,因为从不吹毛求疵,所以才能容得下他人的过失,大度而不计较才能容得下别人对自己的冒犯。古人所谓"宰相肚里能撑船",其实就是在告诫我们,胸怀宽广,坦荡无私,从谏如流,都是我们在人际交往中应该磨炼的品格。

4. 对应原则

所谓对应,指人际交往中的双方在情感投入、评价取舍、行为倾向等方面都是相当的。不对应的交往是无法深入进行的。你不喜欢某人,指望人家反过来喜欢你,这可能吗? 所以,喜欢或厌恶、接近或疏远、支持或排斥、尊重或鄙视,在交往中都是对应的。古人云,"爱人者人恒爱之,敬人者人恒敬之",其实就是在强调人际交往中的对应原则。事物之间普遍存在的作用与反作用的原理,也证明了在人际交往中遵循对应原则的重要意义。总之,在人际交往中,尊重他人和被他人尊重、喜爱他人和被他人喜爱、帮助他人和被他人帮助、支持他人和被他人支持等都是相互对应的,这种对应是由人际关系保持平衡的合理性要求决定的。因为任何人都有保护自己心理平衡的倾向,即要求自己与他人的关系保持在对应的状态下,也就是保持我们通常认可的"合理性"状态。否则人际关系就会向相反的方向发展。比如我们向别人打招呼,对方以问候回报,这就是行为倾向上的对应。如果我们的友好举动没有得到对方的相应"反应",这就破坏了我们期望的心理平衡,就可能产生与之继续交往的障碍。别人接纳我们并能与我们延续交往,道理也是同样的。

5.互利原则

所谓互利,指人际交往中的双方在利益上的互相交换。这种交换是用来保持交往双方的心理平衡的前提条件。小到个人之间,大到国家之间,互利互惠都是保持和发展双方关系的基本原则。从社会学的角度去看,人际交往本质上就是每一个社会成员获得物质与精神需求的交换过程。换句话说,任何付出都是有回报的,这种回报就是在物质或精神方面进行的"交换"。所以有些心理学家也把互利原则称为交换原则。每一个人在与他人建立关系时,都会形成一种利益评价,即与之交往是否值得——值得的就延续,不值得的就中止。现实生活中这样的例子随处可见:某人只知索取,不知给予,人们渐渐地疏远他,人际关系自然紧张;某人乐于助人,主动关心他人,人们渐渐地亲近他,人际关系自然和谐。所以利益互换是维持交往关系不可或缺的条件。需要强调的是,坚持互利原则,是以正常交往和平等对待为前提的。也就是说,交往的双方,无论是精神层面的还是物质层面的互利,都必须符合正常和平等这一前提条件。那种靠权钱交易建立起来的关系则是与这一原则背道而驰的。青少年要建立人际交往的平等意识，努力增进同学之间的思想情感，争取在学习上互相促进、工作上友好协作，以保持人际关系的和谐与稳定。

五、人际交往的技巧

故事引路

柏拉图年轻时就非常有成就，为了表示对他的肯定，一位朋友特意送给他一把精致的椅子。

一群人到柏拉图家里做客，发现了这把漂亮精致的椅子。得知这把椅子的来历后，其中一人突然跳上了那把椅子，疯狂地乱踩乱踏，还恶狠狠地叫嚷：这把椅子代表着柏拉图心中的骄傲与虚荣，我要把他的虚荣给踩烂！

众人惊愕，不知该怎样办。

柏拉图不疾不徐地找来一块抹布，温和地把被踩踏得脏兮兮的椅子擦拭干净，然后温和地请那位激动不安的人坐在他刚才踩踏过的椅子上，诙谐地说："谢谢您帮我踩掉了心中的虚荣，现在我也帮您擦去心中的嫉妒，您可以心平气和地坐下和大家喝茶、聊天了吗？"

心理按摩

当人际交往出现尴尬局面的时候，柏拉图用一块抹布和温和的态度化解了这场尴尬，真让人钦佩。作为一位大哲学家，柏拉图为后世留下了许多宝贵的精神财富，但仅从这个故事中，我们就能够看出，柏拉图不愠不火的睿智和他娴熟的社交技巧对化解突发矛盾的功力。

作为客人,发生恶意踩踏主人心爱之物的行为确实有些不近人情,而且事发突然,柏拉图却在众人的惊愕中"不疾不徐"地取来抹布,"温和"地擦拭被踏脏的椅子,然后"温和"地请对方坐下,"诙谐"地说出了颇具深意的话。这里所传达的信息告诉我们,柏拉图巧妙地运用了人际交往中的行为技巧和语言技巧,轻而易举地化解了一场危机。

从某种意义上讲,深谙人际交往技巧的人,其实就是一个有思想的人。

健康护照

密切人际关系的前提是人际交往,因为只有人际交往才能实现达意传情的目的。人际交往大体上可分为语言交往和非语言交往两种方式,前者重在达意,后者重在传情。所谓达意,指行为主体用语言或文字传递具有鲜明表意性质的信息,如表达思想,一般以传达消息性和评价性信息为主;所谓传情,指行为主体用非语言文字传递具有鲜明表情性质的信息,如眉目传情,一般以传递情感性信息为主。

通常这两种交往技巧结合起来,能更有效地发挥达意传情的功能。

1. 语言交往技巧

语言是沟通的工具,是人类特有的表达思想、进行交流的重要形式。目前,还没有比语言更便捷的交流沟通形式,因此掌握语言交流的技巧,对青少年在现实生活中建立良好的人际关系意义重大。

语言交流的技巧大致分为说和听两个方面:

(1)说的技巧

说,就是用语言表达意思,即把自己的思想和感情用"话"表达出来。说的目的是让人听,而让人听得懂、感兴趣,就应符合简明、连贯、得体和准确、鲜明、生动的要求。具体而言,说要突出口语化的特征,越简明、越通俗越好,即话不在多,要说得简单明了;话题不在意义大小,只要对方感兴趣就好;选词不在考究,只要合时宜、得体就好。当然,说的目的主要是要拉近主体与客体之间的情感距离,所以说的过程中要善用敬语,以自己的谦恭有礼来营造亲切友好的气氛,并通过对客体的适度赞美,增强主体魅力,减少或消除交往阻力,以融洽人际关系。

(2)听的技巧

听,就是用心去聆听他人讲话,即把自己对他人的尊重用听的方式表达出来。听的目的是让人说,而让人乐于"说"、肯于"说",就应该符合人际交往中聆听要专心、用心的要求。具体而言,听要体现专心、虚心和耐心原则,即专心、用心去听,是对讲话人的尊重,认真聆听就是在用行动告诉讲话者,"你是一个值得我尊重的人",满足了对方自尊心的需求,使对方对自己产生好感,拉近双方的情感距离;虚心去听,是对说话人的一种肯定,即使对方说的内容不如自己了解得深刻,也不去刻意打断,要善于在对方的表达中发现其思想的闪光点;耐心去听,是对说话人的一种鼓励,即使对方有明显的表达缺陷,也不能流露任何不耐烦的表情,任何"冒犯"都是导致人际关系疏远、恶劣的原因。所以听的过程要辅以表情,以自己的积极反馈来营造亲和的气氛,增进交往关系。

2.非语言交往的技巧

所谓非语言交往,指通过服饰、目光、表情、体态、声调等与语言无关的方式进行的交往。其行为主体与客体之间沟通的空间距离比较明显,即非语言交流要求的空间距离相对长远,而语言交流要求的空间距离相对短近。因为非语言交往以视觉刺激为主,并非人际交往的主渠道,所以非语言行为通常只是语言行为的辅助和强化手段。

当然,非语言交往也有语言交往无法完全替代的地方,比如"眉目传情""心有灵犀"就属于完全不需要借助语言的交流行为。也就是说,用语言传递信息虽然便捷,但有些微妙的信息是语言无法表达的,只有非语言才能传递,所谓"弦外之音无以言表"或"可意会不可言传",强调的就是这种效果。因此,掌握一些非语言交往的技巧,对提升青少年的交际能力还是大有裨益的。

（1）目光技巧

目光即眼神。在人际交往中，最不需要使用语言的空间形式是目光接触。在所有的人际交流形式中，目光也是最能够令语言苍白无力的交流形式。所以"眼睛是心灵的窗户"才成了最准确概括人际空间交流渠道的一句名言。目光不会欺骗人，所以特定的目光代表了特定的情感，如诚挚的目光反映了心地的纯真，游移的目光反映了信心的不足，正视的目光代表了诚挚的尊重，斜视的目光代表了极度的轻蔑，温柔的目光表示了由衷的热爱，冷酷的目光表示了心底的厌恶等等。会用眼睛说话的人，应该是人际交往能力比较强的人。

（2）体势技巧

体势指身体的姿势和动作。在人际交往中，身体呈现的样子不同，所传达的信息也不同。也就是说，特定的姿势或动作代表特定的意义、情感和态度。例如，身体略微倾向对方表示热情好感，身体侧转背向表示厌恶反感；身体微微欠起表示谦恭有礼，身体向后仰靠表示轻视傲慢。再如，摆手表示制止或否定，双手外推表示拒绝，双手外摊表示无奈，双臂外展表示阻拦，搔头皮或脖颈表示困惑，搓手和拽衣领表示紧张，拍脑袋表示自责或醒悟，竖起大拇指表示夸奖，伸出小手指表示轻蔑。了解体势在人际交往中的重要意义，就会减少因体势不当造成的失礼现象，如交谈中以手指对方面部，用餐时以筷子指点对方，社交场所用单手接物（名片、奖品、茶杯等），当着客人的面挖鼻孔等都属于失礼行为。同样的体势也有角色之分，比如，同学或战友之间别后重逢，拉手拍肩表示亲切热情；领导对下级或长辈对晚辈，拉手拍肩表示赞许和鼓励；如果下级、晚辈随便与领导、长辈拉手拍肩，则被认为是不尊重的表现。所以举手投足、俯仰倚靠，皆能传达特定含义，在人际交往中不可随便施之。

（3）距离技巧

距离即人际空间的相隔。在现实生活中，每一个人都有一个属于自己的独立空间，这个个人空间如同一个无形的"气泡"体"领地"一样，是不容他人侵犯的，否则就失去了安全感。心理学把这种保护自己个人空间需要的心理现象称作"气泡"现象。一般来说，个人空间距离的大小与交往的对象、内容、场合和情境有关。人们之间的关系越密切,他们的人际空间距离就越小。心理学根据不同的交往对象和情境,划分了四种交往距离:①亲密距离。这是人际交往中的最小间隔,一般在0.45米以内,属于家庭成员或关系最密切的人的交往区域,具有排他性,没有达到那种亲密程度的人不能涉足这个空间。②个人距离。交往距离在1米左右,属于关系比较熟悉的人的交往区域,有较大的开放性,熟人可以自由地进入这个空间。③社交距离。交往距离在1~4米之间,属于社交性或礼节性关系的人的交往区域,一般多为工作或聚会环境下的交往,具有正式性和公开性。④公众距离。交往距离在4米以上,属于公共社交关系的人的交往区域,一般较少双向交往而多为单向交往,如演讲、报告等,有较大的自由性和公开性。这些交往距离,体现了一定的心理学原理,把握好能提高人际交往的效果。

六、人际交往中不良心理的克服

故事引路

战国末年秦相吕不韦的门客们编纂了一部著作,叫《吕氏春秋》,书中讲了这样一则寓言故事:

从前有个丢了一把斧子的人。他怀疑是邻居家的儿子偷去了,观察那人走路的样子,像是偷斧子的人;看那人的脸色神色,也像是偷斧子的人;他的一言一行,一举一动,无一不像偷斧子的人。

后来,丢斧子的人在山谷里挖水沟时,掘出了那把斧子,再留心察看邻居家的儿子,就觉得他走路的样子,不像是偷斧子的;他的脸色表情,也不像是偷斧子的;他的言谈话语,更不像是偷斧子的了;那人的一言一行,一举一动,都不像偷斧子的了。

心理按摩

这则寓言最后强调，变的不是邻居的儿子，而是自己的心态。变的原因也没有其他，是被偏见所蒙蔽。

故事生动地说明，情感的变化往往对理性的判断起着重要的影响作用。主观成见，是认识客观真理的障碍。当人带着成见去观察世界时，必然会歪曲客观事物的原貌。

猜疑本是一般人都会产生的心理，正常的疑虑能使人小心谨慎，防止偏差。假如一个人心中毫无疑虑，对人或事物没有丝毫戒备，做事就会莽撞，以至于吃亏上当。但凡事都应该有一个尺度，过分猜疑则会导致"多疑"这一病态心理。多疑不但会使人心胸狭隘，自我封闭，不易接受别人的意见，时间长了还会引起身体上的疾病。

与猜疑心理一样，影响青少年人际交往的还有羞怯、孤独、嫉妒等不良心理。克服这些心理，有助于人际交往的正常化。

健康护照

不仅是青少年，任何年龄段的人在人际交往中都无法脱离心理因素的影响。各种不同的心理因素，对人际交往的影响作用都不可小觑，因为良好的心理因素对人际交往起促进作用，而不良的心理因素对人际交往起阻碍作用。青少年正值身心发育和成长的关键时期，更要了解阻碍人际交往的心理因素产生的原因及其危害，以便能够自觉消除这些心理障碍，实现人际交往的正常化。

1. 羞怯心理的克服

羞怯就是羞涩胆怯。羞怯心理从儿童到成人都有，只是不同年龄段的人及其不同的个体有差异而已，如女性比男性的羞怯心理表现明显。按理说,羞怯是正常的心理状态,它折射的是道德上的知耻心。从这个意义上看,没有羞怯心理的人反而是可怕的。所以正常的人在某种程度上表现出一些羞涩和胆怯,只要不妨碍人际交往,都属于正常的。如果这种羞怯心理表现得特别严重,成了人际交往的障碍,那就是一种不良的心理或病态心理了。

青少年羞怯心理产生的原因,除了青春期生理变化引起的感应性反应之外,主要是受自卑心理的影响和成长环境的影响。自卑就是轻视自己,认为自己不如别人。自卑则不自信,不自信则无勇气,无勇气则怯懦。怯懦者不成事,更不敢与陌生人交往,久而久之,就成了一种心理定势,严重者甚至一想到与陌生人交往就恐惧。成长环境的影响是多方面的,有的可能是从小就生活在相对闭塞的环境里,很少有与外界接触的机会,一旦不得不离开原先的闭塞环境,就产生一种心理上的不适应;有的可能在童年或少年期曾经受过某种心理挫折,譬如遭受过极其严厉的训斥或嘲笑戏谑,心理上有了无法驱除的阴影,进而形成了一种环境性心理反射,一遇类似的环境就出现防范性心理闭塞,即条件性羞怯心理;还有的可能生存的环境本身就不够和谐或人际关系相对恶劣,得不到人际交往能力的锻炼,形成了心理上的排他性,即由心理上对环境的厌恶而导致的羞怯心理。

克服羞怯心理,应从以下方面着手:

(1)要消除自卑,增强自信。自卑心阻碍人际交往,而自信心能够促进人际交往。人的各种能力都是在实践中获得的,交往能力也必须在交往中锻炼。如一个连在课堂上都不敢回答问题的学生,很难想象其会获得演讲比赛的成功。"一朝被蛇咬,十年怕井绳",这样的人很难摆脱自卑的阴影;"一回生,二回熟",交往本身就是一个渐进的过程,没有人天生就是人际交往的天才,也没有人十全十美。要看到自己的长处,相信自己身上总有吸引别人之处,如可能不如别人漂亮,但比别人聪明;可能不比别人口才好,但比别人有亲和力等。

(2)要加强修养,增强魅力。一个人的修养是人际交往的基础,有德行、有知识的人容易被人接纳,懂礼貌、有涵养的人受人欢迎,技巧熟、信心足的人招人喜欢。修养好,素质高,魅力大,信心足,这是人际交往成功的基本保障。

（3）要创造机会，提高能力。青少年在学习阶段得到表现的机会并不多，交往的范围也相对窄小，交往能力的提高自然受到一定的限制。但机会总是给有准备的人的，这就要求青少年学会充分利用一切机会，甚至创造机会积极锻炼自己，把自己交往的圈子扩大，利用各种资源，发展自己的交往能力。如在学校突破年级的界限或性别的界限，在家里突破亲属的界限，在社会上突破年龄或职业的界限。扩大了交往的范围，锻炼的机会也就多了。

2.猜疑心理的克服

猜疑就是无中生有地起疑心，表现为对人不信任，对事不放心。心理学认为猜疑是一种由主观臆断而产生的情绪体验，其所指向的人和事是以不信任为前提的。我们常说某某人疑心重，就是说这种人整天疑神疑鬼、无中生有，总以为别人都是不值得信任的。猜疑心理与羞怯心理不同，羞怯心理的危害对象主要是自己，而猜疑心理的危害对象不仅是自己，还有他人。所以青少年在人际交往中表现出的猜疑现象，折射了一种自私狭隘的消极心理。如有的学生受到了老师的批评，就疑心是班级的哪个同学向老师打了小报告，甚至疑心自己曾经得罪过的老师或同学伺机报复等。猜疑心理使人际关系无端紧张，矛盾重重。严重的猜疑心理就像一个陷阱，掉进去就难以自拔。疑神疑鬼、捕风捉影、心生疑窦必然造成信任危机，由不信任他人转而遭到他人的不信任，其损害的不只是人际关系，还可能是身心健康。

青少年猜疑心理产生的原因主要来自个体的主观因素，如思维方式、认知基础、个性品质等方面存在缺陷。客观因素虽对个体的猜疑心理有一定的影响，如流言蜚语的影响，但主要还是个体主观上不能排除这种流言蜚语的困扰所致。

思维方式缺陷主要指个体存在思维定势错误，即个体在表象、概念的基础上对知觉对象进行分析、综合、判断和推理等认识活动的过程中惯用的固定方式。如有的人习惯把别人都看成是自私的，因此以自己的看法为依据，对所有的人或事都怀疑。认知基础缺陷指个体存在信任前提错误,即对知觉对象是以不信任为前提,构成了由主观出发作用到客体又反作用于自身而形成的信任危机。人与人之间的良好关系是建立在相互信任的基础上的,如果一个人对别人缺乏信任,产生的猜疑心理会通过各种表现反作用于自身,因为你不信任别人,别人也不可能信任你,而且不信任的程度越大,猜疑心理越强烈。个性品质缺陷指个体存在对知觉对象有失公正评价的不良心理倾向,通常我们把这种心理倾向称作不良心态。如果一个人心胸狭隘、过度自尊或有强烈的嫉妒心,就极其容易产生猜疑心理,因为这种不良的心态一旦投射到知觉对象上,个体就不可能实事求是地对知觉对象进行评价。个体习惯了主观臆测和凭空想象,自然无法抵御流言蜚语的影响。流言蜚语有时迷惑人心,如同"三人成虎"一样,让人辨不清真伪,将信将疑;有人习惯于听信谣言,自然也会产生猜疑心理。

克服猜疑心理,应从以下方面着手:

(1)要学会理性分析,防止感情用事。猜疑不是推测,而是凭空臆测。理性分析的基础是事实,脱离事实的思考就是感情用事。"疑邻窃斧"的寓言故事揭示了猜疑者的心理状态,提示我们遇事不可感情用事,要理智,要学会依据事实进行理性分析,保持头脑冷静,防止陷入"当局者迷"的认知误区。因此青少年要学会让事实说话,防止让自己的感情控制了对事物的认知。

(2)要学会主动交流,防止信任危机。人际关系的基础是信任,信任的基础是理解,理解的基础是真相。主动交流的前提是以诚相待,以诚信对诚信,交往才能深入。信任危机一旦产生,交往的双方就竖立了一道屏障,想要跨越这个屏障很难,想要拆除这个屏障更难。所以青少年要学会主动与他人交流,增进感情,避免误会,以信任换取信任。

(3)要优化个性品质,防止不良心态。一个人在观察和认知事物时无不受自身个性品质的影响,因为个性品质的形成本身就受思想道德修养的制约,而思想道德修养的高低代表了认知水平的高低。试问自己,我们是否习惯将自己的心态投射到知觉对象上?平心而论,答案自然是肯定的。由此不难理解,一个人如果狭隘、自私,其知觉客体的过程已经偏离了公正的轨道,别人自然也不能指望其知觉的结果是遵从实际的。因此,青少年要自觉培养高尚的道德情操,加强个性修养,冲破狭隘自私的范围,排除不良个性品质的消极影响,以实现人际交往的正常化。

3.孤独心理的克服

孤独就是孤单寂寞。心理学认为孤独是个体缺乏与他人交流而产生的一种孤单寂寞的情绪体验。我们首先要明白这样一点,孤独不等同于独处,独处的人并非真正的孤独者。真正的孤独是一种心理感受,是个体与外界的情感交流受阻后的情绪体验,与个体是否独处往往无必然联系。

有孤独心理的人,即使是置身于人群中,依然是孤独的。原因主要是其对周围的世界感到陌生,对身外的一切缺乏了解,与他人有一种距离,无法与环境沟通,好像其周围有一种无形的壁垒,阻隔了思想、情感与外界的通道。孤独感程度较深重的人,挫折感也强烈,易产生灰暗心理,意志消沉,阻碍健康发展;孤独感特别严重的还有可能产生厌世倾向。

孤独心理在青少年中比较多见,这是由青少年期的心理特点决定的。多数青少年正处在心智发育的准成熟状态,世界观和人生观尚未真正确立,人生的发展方向尚未明确,思想尚未完全摆脱幼稚,许多事情还似懂非懂,却自以为已经长大成人而不被理解。这就是我们常听人说的青少年特有的那种莫名其妙的孤独感。内向型性格的人容易产生孤独感,因为其自我中心意识较强,主体对客体的排斥或抗拒感强烈,导致自身与外界产生隔膜,难于沟通,最终陷入封闭的范围中不能自拔,深感孤寂。对目标追求缺乏动力的人也容易产生孤独感,因为一个没有追求的人,内心缺乏热情,对一切事物漠不关心,与外界缺乏沟通语言,更难于与他人形成情感上的共鸣,因而会产生孤独心理。

消除孤独心理,应从以下几方面着手:

(1)要坚定信心,激发追求事业的动力。有追求的人不会寂寞,执著于追求事业的人更不会孤独。青少年应该懂得，人生的意义是在事业的追求中不断实现的，只有坚定信心，乐于竞争，不甘寂寞，才可能体现人生的价值。

（2）要培养情趣，增强排解孤寂的能力。兴趣是摆脱孤独的良方，健康的生活情趣是消除孤独心理最有效的办法。青少年阶段的主业是学习，因此在努力钻研学问的同时，应该扩大自己的视野，增加自己的兴趣爱好，充实自己的精神世界，使自己具有远离孤独的能力。

（3）要学会交际，疏通交流思想的渠道。一个人主动与他人交往，就不会感到寂寞。多发展友谊，多参加集体活动，多与他人交流，就不会有孤独的感觉。多帮助他人，就能享受到更多的关怀、温暖和友情。

（4）要平和心态，尝试改变封闭的环境。孤僻的性格大多是在孤寂封闭的环境中逐渐形成的，改变也需要一个过程。任何事物只要存在可逆性，就有改变的可能。因此消除阻碍自己与外界沟通的障碍，以平和的心态将自己融入和谐的环境，摒弃孤傲的心理，体会友谊带给自己的欢乐，并反复强化这种体验，就能够从孤独中走出来。

4. 嫉妒心理的克服

嫉妒是指个体对才能、名誉、地位或境遇等比自己好的人心怀怨恨。心理学把嫉妒看作是个体在利益占有和占有欲受到客观抑制时产生的一种情绪体验。嫉妒产生的前提是个体主观上有受到抑制或威胁的意识，且这种抑制或威胁来自于明确的客体。

青少年产生嫉妒的原因与成人没有本质的区别，主要是自己的需要得不到满足，且大多有与他人进行自身价值的比较过程。嫉妒是一种令个体痛苦的情绪体验，表现为对比较对象的排斥和否定，且主观色彩强烈。一般导致嫉妒的威胁分为显性和隐性两种。显性的威胁产生的嫉妒多是个体的比较对象具有明显的优势，且这种优势对个体构成了明显的生存或竞争压力，如对学习上比自己成绩好的同学不满或嫉恨；隐性的威胁多是个体的比较对象原本不具有明显的优势甚至是劣势，但这种劣势有了后来居上的发展态势，对个体构成了某种竞争压力,如学习成绩平时不如自己的同学忽然和自己比肩了且有超越自己的苗头,就从对立的立场上寻找各种借口贬低对方。不管哪一种原因产生的嫉妒,目的都是在实现自我心理上的暂时平衡,结果自然都是自欺欺人的。

嫉妒对人际关系的破坏性极大,无数婚姻、友谊关系的破裂都证明了这一点。处在人生发展阶段的青少年更应该有意识地抑制自己嫉妒情绪的膨胀,学会驾驭嫉妒情绪向积极的方向转化,当嫉妒滋生时,能够变压力为动力,将比较对象作为促进自己实现自我超越的参照标准,逐步增加自身的价值比重,使嫉妒的消极心理转化为竞争的积极心理。切不可以比较对象为敌,因为妒火中烧不仅导致人际关系的破裂,还可能导致无法挽回的自身痛苦。

克服嫉妒心理,应从以下几方面着手:

(1)要学会正确的自我认知,克服偏激。由于自我认知上的偏差,对比较对象的认知也随之发生偏差,进而产生偏激情绪。所谓十人嫉妒九人偏激,就是在强调嫉妒心理的根源。一个对自己充满信心的人,既不会偏激地对待他人,也不会偏激地对待自己。与他人比较时,要力求全面地看待对手,正确地评价自己,认清自身存在不足的原因,理性地选择改进或超越的方法,使自己保持一种合理的积极的竞争状态。

(2)要学会合理的价值确认,防止片面。一般自我价值的确认有两个标准:一个是社会标准,即以多数人的看法或社会流行观念为衡量尺度;一个是个人标准,即以纯个体的看法或私人的指标为参照尺度。普遍认为,以两者为参照标准,引发嫉妒的概率,前者大于后者。因为任何个体的价值都不能通过简单的比较来确定,否则得出的结论必然是片面的。只有通过全面的立体的深入的比较,才能减少片面性。现实生活和时间最能说明问题,任何个体除了人的属性相同之外,其他方面不可能完全相同,个人价值的体现也不能单一化,如有的同学文静,有的同学稳重,有的细心,有的机灵,有的综合素质好、涉猎广泛,有的单项技能强、学有专长等,每个人都有自己不同的优势。所以,科学的合理的价值确认,不是以自己的劣势与他人的优势比较,更不能用统一的指标来衡量。要清楚,人生的价值不在于超越别人,而在于不断超越自己;不在于战胜别人,而在于不断战胜自己。

(3)要学会主动地抑制情绪,消解怨恨。因为嫉妒情绪是人类普遍存在的,所以要彻底杜绝嫉妒心理是不现实的。但了解了嫉妒产生的原因和危害性,学会主动地抑制自己的情绪,可以减弱或消解嫉妒心。有些嫉妒心理的形成,主要是个体夸大了比较对象的优势,贬低了自己的价值,致使自己心理失衡。要时刻提醒自己,嫉妒别人,首先伤害的是自己。也就是说,嫉妒对自己的损害永远大于对别人的影响。

第十一讲　青少年如何面对挫折

一、什么是挫折

故事引路

英国劳埃德保险公司曾从拍卖市场买下一艘船，这艘船 1894 年下水，在大西洋上曾 138 次遭遇冰山，116 次触礁，13 次起火，207 次被风暴扭断桅杆，然而它从没有沉没过。

劳埃德保险公司基于它不可思议的经历及在保费方面给公司带来的可观收益，最后决定把它从荷兰买回来捐给国家。现在这艘船就停泊在英国萨伦港的国家船舶博物馆里。

不过，使这艘船名扬天下的却是一名来此观光的律师。当时，他刚打输了一场官司，委托人也于不久前自杀了。尽管这不是他的第一次失败辩护，也不是他遇到的第一例自杀事件，然而，每当遇到这样的事情，他总有一种负罪感。他不知该怎样安慰这些在生意场上遭受了不幸的人。

当他在萨伦船舶博物馆看到这艘船时，忽然有一种想法，为什么不让他们来参观参观这艘船呢？于是，他就把这艘船的历史抄下来和这艘船的照片一起挂在他的律师事务所里，每当商界的委托人请他辩护，无论输赢，他都建议他们去看看这艘船。

心理按摩

这个故事告诉我们：在大海上航行的船没有不带伤的。人生在世，挫折难免，就像这个故事中的船。遇到挫折，是像故事中的那个委托人那样选择自杀，还是像那艘船那样，虽然伤痕累累，但永不沉没，关键是如何认知。有人说，挫折其实是上天对自己的眷顾，是让自己的人生变得更加丰富的难得的经历。有支歌唱得好：不经历风雨，难见彩虹。是啊，温室里的花朵经不起磨难，只要经历过、奋斗过，挫折便成了我们人生的一份宝贵财富。

健康护照

挫折指个体的目标活动受到了阻碍和干扰，且是其主观意识认定的无法克服的阻碍和干扰，使其目标无法达成、活动不能进行的失利现象。

挫折多以个体的需要无法获得满足所产生的消极的情绪反应方式表现出来。

挫折的出现是再自然不过的事。在人生道路上，任何人都会遇到挫折，只是或大或小、或多或少、或这样或那样而已。比如头天晚上做到很晚才完成的作业，早上起床去上学时忘记带了，路上突然想起又怕迟到，结果被老师批评了一顿，这时可能会因为委屈而生气、懊恼，产生一些消极的情绪反应；期末考试，尽管做了比较充分的准备，成绩却不理想等等。这些情况都会使人产生焦虑、失望、忧虑、担心、痛苦等情绪反应，这就是我们通常所说的遇到了挫折。

就个体而言，构成心理挫折的条件有三个：其一是指存在着动机不能实现、需要不能满足的干扰情境，一般称作挫折情境；其二是指对挫折情境的认知与评价,这种认知与评价的过程存在着很大的个体差异,称为挫折认知;其三,是指伴随着挫折认知而产生的情绪和行为反应,不同的个体在反应方式上有所不同,称为挫折反应。三者的关系是:挫折情境(真实的或想象的)引起挫折认知进而产生挫折反应。一般情况下,我们所说的构成心理挫折的条件,必须是挫折情境、挫折认知和挫折反应三者同时存在的。但实际上,挫折情境并非一定是个体现实遭遇的,也可以是想像中可能出现的。因此,挫折情境无论存在还是缺失,同样可以构成心理挫折。例如,一名高一的男生因为个子矮小总是怀疑身边的同学瞧不起自己,虽然后来事实证明瞧不起他的同学只是个别的,并非普遍现象,但他当时还是有一种人际关系上的挫折感,且由此而生的烦恼情绪反应维持了较长时间。再如一位初三的女生在中考前的一次考试中科学成绩不及格,预感到回家后会遭到家长的辱骂,由于她对可能的后果感到恐惧,就躲到了同学家里,后来她父母把她接回家,不但没有辱骂还好言相劝。这两例都属于个体想象中的挫折情境导致的挫折感。所以,挫折认知是挫折情境和挫折反应的提挈因素,其重要性是其他两个因素无法替代的。作为桥梁,挫折认知把原本没有直接联系的挫折情境与挫折反应联系起来,使它们成了正比关系,即挫折情境越严重挫折反应就会越强烈,反之亦然。总之,挫折情境严重与否,完全取决于个体的主观认知,且这种认知直接影响其挫折反应的程度。如两个人同样遇到考试成绩不理想的挫折情境,一个人认为问题很严重,另一个人认为无所谓,那么两人所产生的反应明显不同,前者可能引起强烈的情绪反应,而后者则可能反应很微弱,这主要是由于挫折认知的不同。

二、挫折产生的原因

故事引路

美国摩根财团的创始人摩根，原先并不富有，从欧洲漂泊到美国时，穷得只剩下一条裤子。夫妻二人靠卖鸡蛋维持生计。但身高体壮的摩根卖蛋远不及瘦小的妻子。后来他终于弄明了原委。原来当他用手掌托着蛋时，由于手掌太大，人们眼睛的视觉误差会觉得蛋变小了，而他的太太用纤细的小手拾蛋给顾客时，鸡蛋被纤细的小手一衬托，居然显得大些。于是摩根立即改变了卖蛋的方式。他把蛋放在一个浅而小的托盘里，这样人们对比看来，就会觉得蛋很大，因此蛋的销售情况果然好转。摩根并不因此满足，他认为眼睛的视觉误差既然能影响销售，那么经营的学问就更大了。由此激发了他对心理学、经营学、管理学的研究和探讨，终于创建了摩根财团。

心理按摩

摩根从欧洲漂泊到美国后的窘境，就是我们说的挫折情境。故事中的大手和鸡蛋的视觉误差，也是挫折情境。产生这些挫折的原因是客观的，在常人眼中，男人的粗大的手掌和女人纤细的小手都是天生的，是无法改变的。如果摩根也这样想，认为自己因为手大而不适宜卖鸡蛋，那么就不会有后来的摩根财团。

摩根的成功，就在于面对挫折，他不是简单地下结论，盲目地否定自己，而是细心地观察、总结，寻找可以改变的方式。所以摩根这种换个盘子卖鸡蛋的思维方式,值得我们深思。

健康护照

现在我们清楚了,挫折情境是产生挫折的原因。这些原因既有主观的,也有客观的。

1. 主观原因

主观原因也称为内在因素,来自挫折者自身,分为主观因素和客观因素。

主观因素是认识因素和心理因素。心理因素主要指个人的能力、知识和经验不足,或个性心理品质太差,如缺乏韧性,过分轻信,不稳定、急躁、不自信以及动机处于斗争状态等,使某种需要不能满足。动机冲突,即两个或多个不能并存、难以取舍的动机在抉择前的两难的心理状态,也会引起挫折。

客观因素主要指生理因素,以身体健康状况不佳,身体器官结构上的缺陷为标志,如患有治疗难度较大的疾病,身高、相貌和智商方面存在缺陷等,使某种需要不能满足。

2. 客观原因

客观原因也称为外在因素,来自于受挫者以外的阻碍和限制,分为自然因素和社会因素。

自然因素指由非人为力量所造成的时空限制、天灾地变等因素,如体育训练中的意外伤残,洪水、地震中的家园被毁,亲人(特别是未成年人的抚养人)的突然离世等。

社会因素指在社会生活中制约个体的政治、经济、道德、宗教、习惯势力等因素,如青少年加入社团组织、考学、推荐、保送等愿望因为名额限制而不能实现等。

自然因素给人带来的阻碍或困难具有突发性、短暂性和特殊性,社会因素给人带来的阻碍或困难则具有普遍性、广泛性和复杂性。

3. 主观原因与客观原因的关系

客观原因是否导致挫折或产生的挫折程度如何,一般决定于个体的主观心理素质,特别是个体的知识、修养、能力和个性心理品质,以及对挫折的容忍力。

挫折的容忍力属于内在因素,指人适应挫折的能力,即遇到挫折时能免于行为失常的能力。容忍力实际上反映了人对待挫折的态度。人的一生不知要遇到多少挫折。有的轻微、短暂,容易克服;有的严重、长期,难于克服。能否战胜它,基本取决于各人的态度。有的人心胸开阔,性格乐观,充满自信,能向挫折挑战,百折不挠,直至取得最后胜利;有的人心胸狭窄,性格内向,忧心忡忡,一遇挫折就一蹶不振,甚至行为错乱,失去应付能力。

容忍力受多方因素影响,集中体现在以下 4 个方面:

(1)生理状况。身体健康、发育正常的人,对生理上需要的容忍力,一般说高于体弱多病的人。精力充沛的人也比较能够胜任各种工作。

(2)挫折经验。挫折的容忍力是可以通过学习获得的。过去经受过挫折而善于积累经验,就能提高容忍力。如果从小娇生惯养,很少遇到挫折,或一遇挫折便逃避,失去学习处理挫折的机会,必然降低挫折的容忍力。

(3)知觉判断。同一挫折的客观情况相同,而因人、因时、因地会出现感受和判断不同,因此构成的压力和打击也就不同。一个人认为是严重挫折,另一个人可能认为无所谓。

(4)预见能力。对挫折有无预见性或预见能力高低,都直接影响容忍力。对预见的挫折,其容忍力较高;对未能预见的挫折,其容忍力相对较低。

(5)其他素质。包括个体的价值观、世界观、性格、兴趣、意志、耐心等多方面的素质,都与容忍力密切相关。这些素质好,对挫折的容忍力就高,反之则低。

挫折有累积现象,即使一个充满自信的人,也经受不起一而再、再而三的挫折和失败。

现实和理想不会是一致的,人们随时随地都可能产生挫折。虽然人是否受到挫折与许多随机因素有关,也因人而异;但归根结底,挫折的形成是由于人的认知与外界刺激因素相互作用失调所致。

三、挫折的心理防卫方式

故事引路

有一天,农夫的一头驴子不小心掉进枯井里,农夫绞尽脑汁想要救出驴子。几个小时过去了,驴子还在井里哀号着。最后,农夫决定放弃,他想这头驴子已经老了,不值得大费周折地把它救出来,但是不管如何这口井是一定要填起来的。于是农夫就找邻居帮忙,一起将井里的驴子埋了,以免除驴子的痛苦。

大伙人手一把铲子,开始将泥土铲进井里。当这头驴子意识到自己的处境时,刚开始哭得很凄惨,但出人意料的是,一会儿它安静下来了。大家好奇地往井底一看,眼前的情形令他们大吃一惊:

当铲进的泥土落到驴子的背部时,它将泥土抖落一旁,然后站到泥土堆上面,等待着人们继续铲进泥土。就这样,驴子一步一步地上升到井口,然后在众人的惊讶中快步跑开了。

心理按摩

挫折不可避免。面对挫折,人们可能用积极的态度和方法,设法解决矛盾和冲突;也可能采用消极的态度和方法,企图回避矛盾以摆脱困境。

从农夫和驴子身上，我们看到了积极和消极两种态度及其结果的截然不同。

农夫开始是积极的，但几个小时后就放弃了；驴子一开始是消极的，面临灭顶之灾只会凄惨地哭，但它冷静之后，却绝处逢生了。

在人们的精神生活中，存在着一种倾向，即自觉地或不自觉地把主体与客观现实之间所发生的问题，尤其是对自己不利的问题，用自己较能接受的方式加以解释和处理，而不至于引起太大的痛苦和不安，这就是心理防卫方式。故事中的驴子在生死攸关之时，对自己显见的命运不能接受，但悲泣的结果只证明一点，那就是痛苦被放大了，却于事无补。于是它重新选择了一种自己能接受的方式，来处理眼前的危机，结果痛苦消失，灾难化解。

据说，一向以军纪严明、考核严格著称的美国西点军校有一项考试项目与这个驴子的遭遇极为相似，即每名毕业生在毕业前夕必须经过一项测验：在空旷地带挖一个深洞，里面放置一个高4米、直径2米且内壁光滑无比的金属圆桶，受试者在桶内一夜之间若不能通过考核，不仅成绩为0分，还要受到被人从上面抛土盖顶埋至半腰的处罚。这个项目设置以来，受试者无一例外是0分，直到道格拉斯·麦克阿瑟毕业时，才打破了这项纪录。他被放置在圆桶之内，也同其他人一样无法徒手脱离，整整呆了一夜。第二天，当主考官下令让手下士兵向桶内抛掷泥土时，他立刻站了起来，并没有像别人那样等着接受被抛洒泥土的惩罚，而是左右躲闪，迅速地将那些泥土踩在脚下。结果，他顺利地脱离了那只圆桶，并获得了这项考核唯一的满分。瞧，积极的态度和方法帮助麦克阿瑟成功脱离了困境。后来，麦克阿瑟成了二战史上叱咤风云的将军。

无独有偶。有一次，大哲学家苏格拉底正与客人谈话时，他脾气暴躁的太太忽然进来，大骂了苏格拉底一阵，又拿来一桶水往苏格拉底头上泼，让苏格拉底在客人面前显得狼狈不堪。可是，苏格拉底笑了笑，对客人说："我知道，打雷之后，接着一定会下雨的。"本来很难堪的场面，由于苏格拉底的幽默，也就一笑了之了。

可见，积极的心理防卫方式，可以有效抵御挫折。

健康护照

心理防卫方式是个体为应对挫折情境而自觉或不自觉采取的自己的能力所及且被自己接受的方法或措施,亦统称为挫折的心理防卫机制。它是以先天生物遗传为基础经后天长期社会实践不断完善和发展而形成的。

在面对挫折情境时,人们常用的心理防卫方式有:

1. 合理化

所谓合理化的心理防卫方式,指个体在追求目标的过程中遭受挫折而寻找各种理由来减轻痛苦、免除伤害、维护自尊的行为方式。之所以称之为"合理化",并非受挫者寻找的理由是合乎实际的或者合乎逻辑的,而是因为当事个体能以此说服自己并心安理得。事实上,这种心理防卫方式于他人并无多少妨害,却对当事个体有极大安慰作用。

有人说,这种心理防卫方式其实就是鲁迅先生笔下的"阿Q精神",是自欺欺人的。没错,既然"阿Q精神"在生活中普遍存在,那这种存在在个体眼中就是"合理"的,起码它能"自欺"。以下几种表现形式足以说明这一点:

(1)文饰。以自圆其说来原谅和掩饰自己的失败,为失败做辩解,以期自我安慰或解除紧张和不安。文饰有两种表现,一种是贬低追求目标以掩饰自己的失败,即通常所说的"酸葡萄"现象;另一种是夸大追求目标以掩盖内心的失望,即通常所说的"甜柠檬"现象。《伊索寓言》中有两个故事,都与狐狸觅食有关,却广为流传,原因就在于它们分别揭示了文饰的心理现象。其一是说一只狐狸对一串高挂的葡萄垂涎欲滴却无计可施,只好为维护面子而对旁边的动物说这串葡萄是酸的,自己不想吃。这个故事印证了我们已经知道的一个道理,挫折的本质是动机不能满足。当动机不能满足时,个体为了冲淡自己内心的不安,常将目标贬低,说其"不值得"追求,以此安慰自己。

狐狸的心态就是日常生活中人的心理的写照。"有什么可追求的,我才不稀罕呢!"在竞选班长失败或奖学金旁落时,常听一些学生这样说。这就是在动机目标不能实现的情况下,典型的"酸葡萄"心理。其作用是为了掩饰自己的失落甚至无能,而否定自己曾经追求的目标。其二说的也是一只狐狸,遍觅可口的食物,却只找到一个酸柠檬,无奈之下却说这个柠檬是甜的,正是自己想吃的。一些中学生在中考成绩不理想而不能升入所报的高中时,不说自己的能力或努力不够,却强调自己进入现在的高中是舍不得原先的同伴,因为其同伴报考了这所学校,这样才能实现自己与同伴继续保持同学关系的愿望,再说这所学校刚好离自己家很近。其这样说的目的,就是为掩盖内心的失望与痛苦。这是典型的"甜柠檬"心理。

(2)推诿。个体把受挫的原因归咎于客体而自己不承担责任的挫折适应方式,就是推诿。通俗一点说,就是自己做了错事,却把责任推给别人,以减轻自己的内疚和焦虑的方式。比如有的学生没考上理想的大学,就推说自己本来就不想考大学,是父母硬逼着自己考的;还有的学生学习成绩不佳,却把原因说成是学校或老师不好。这种以推诿的方式来掩盖自身缺失的类似表现,在成人中也常见,如没被重用,就说单位没有"千里马";人事关系紧张,就说同事都是"小人"等等。这些都是将个人受挫的原因归咎于自身以外因素,以摆脱内疚的心理防卫方式。

(3)援例。个体引用成例为自己受挫开脱责任的挫折适应方式,就是援例。通俗一点说,就是个体以某些事实为依据,试图为自己的缺陷或过错开脱,使自己不合理的行为合理化,以解脱面临的困境、减轻负疚感的心理防卫方式。例如,某个青少年因考试作弊受到批评,就说是因为看见别人作弊,他才跟着做的。这种心理防卫方式的特点是把自己的行为同别人比较,进而强调既然别人可以这样做,自己也可以这样做,以事实或存在为依据,来证明自己的行为的"合理性"。

合理化的心理防卫方式还有一些表现,如反向、逃避等,这里就不一一介绍了。总之,心理学一般将以上防卫方式称作非理智反应,又称作消极的适应或防卫。实践证明,"合理化"只是一种表面化的对抗舆论压力的处理方式,连当事者本人也知道这是掩耳盗铃,无法令人信服的,只是由于除此之外,自身尚无其他方法来维护自尊,只好被动虚张而已,其受挫后所产生的情绪上的紧张和不安状态,并不一定会因此真正消除。有些心理学家称之为妥协,并且指出如果长期使用这种心理防卫方式成了习惯,有可能助长惰性,阻碍主动使用心理调节机制,对身体健康是十分不利的。

2. 投射

所谓投射,指个体把自己不愿意承认的动机或行为转移给客体来掩饰自身过失的挫折适应方式。通俗一点说,投射就是个体把自己内心存在的不良动机和思想观念以及失误行为转移到他人身上,强说他人有这样的动机和行为,以此来逃避责任、满足心理上的平衡的行为方式。

如果单从以某种理由来掩饰个人过失的角度来考量,投射与合理化是相近的。但两者还是有本质上的区别的,合理化主要是找出理由为自己的过失辩护,其特征是"自欺欺人",例如由于自己方法不当、用功不够而考试失败,却说老师教法不好,出题太偏,评分不公正等。投射不仅否认自己有不为社会所认可的品质,反而将它转嫁他人再予以攻击,其特征是个体的尊严和安全感是建立在"缺点转移"基础之上的,即"以小人之心,度君子之腹"。例如,自己好计较,却宣称别人刻薄;自己好贪便宜,却宣传别人收受礼物;自己作风不正派,却猜测别人行为不轨;自己工作能力很低,却大谈别人如何无能;自己以权谋私,却说别人任人唯亲等等。

投射与合理化相比,还有一个明显的不同:合理化是有意识的,而投射有时是无意识的。如"疑邻窃斧"者,总觉得邻居一举一动都像窃贼;对同事刻薄者,总散布同事为人处世如何刻薄;悭吝贪小者,总评价他人如何吝啬小气。这些表现往往是无意识的,即有恶劣人格品质的人有习惯于否认自身存在这样的品质而将其强加于他人的潜意识倾向。科学实验已经证明,这种投射心理具有普遍性,凡是具有某种恶劣品质的人特别倾向于把这些令人讨厌的品质加之于他人,这体现了个体维护自尊的需要。

3. 替代

所谓替代,指个体在目标行为受阻时能够另设目标以替换原定目标来应对挫折的心理防卫方式。这是以改变和弥补的方式应付挫折的方法,是心理防卫机制中一种最具有积极意义的方式。

替代的主要表现形式是升华和补偿。

(1)升华。个体把心理能量释放的指标由本能的转化为社会的、由低级的提高为高级的应对挫折的心理防卫方式,即为升华。所谓社会的,指个体的心理能量的释放能够被社会认可,即所释放的心理能量符合社会道德标准、行为规范和衡量评价要求等。升华是事物性态上的转变和提高,作为一种心理防卫机制,具有积极的意义。例如,一个学习成绩不好(遇挫是心理能量释放的前提条件)的学生,把自己遭受挫折后积蓄的攻击欲望(本能的释放,在此具有消极意义,一般其行为结果不符合社会要求,甚至被社会排斥)加以升华(这是一个非常关键的过程),努力刻苦学习,认真钻研学习方法(能量的释放符合社会道德标准和行为规范),终于成为一名学习成绩优秀生(结果与社会评价要求一致)。现任残联主席的张海迪就是运用升华心理防卫机制的典范,病残的折磨不但没有把她击垮,反而成了自学成才的动力,全身心地致力于未来事业,而终于取得了成功。

(2)补偿。把缺失的部分贴补上去,即为补偿。具体而言,指个体在遭受挫折后能够及时转变行为方式,以此替代或弥补挫折造成的自尊和自信的损伤。所谓"失之东隅,收之桑榆"是对补偿现象的形象概括。例如,有个因电击而失去一只臂膀的男孩,身残志不残,发奋学习,考上了浙江大学的研究生,赢得了许多人的尊重,被一所重点高中录用为教师。像这种以积极的行为方式来应对挫折最终转变命运的人,不胜枚举。实际上,补偿首先弥补的是自信心,如上例,生理上的残疾是无法弥补的,但心理上的创伤是可以弥补的。补偿的表现方式一般分为两种,其一是个体直接对自身的补偿,如身陷困境的人发愤图强,以弥补某些方面不足造成的缺憾;其二是个体间接对自身的补偿,即个体通过满足与自己有关的客体来求得对自己的补偿,如,因故无法接受高等教育的父母,自知无法补偿,就倾尽全力培养子女接受良好的高等教育,以此来补偿自身无法接受高等教育的缺憾。这是"80后"和"90后"的父母身上最常见的现象。

补偿与升华不同。升华是变消极为积极,而补偿的方式本身就有积极与消极之分,如利用职务权利等为自己谋取私利的行为,就是直接的不当的消极的补偿。即使是积极的补偿,也有限度上的要求,即适可而止,做不到这一点,极可能产生消极的影响。例如,父母通过满足子女来实现补偿自己的做法,最容易陷入溺爱的泥淖,甚至因此害了子女。还有一种现象在社会上具有普遍性,即最可能不受关注的个人或群体,最可能采用消极补偿的方式来求得关注,如在课堂上搞恶作剧的学生,恶作剧就是其寻求关注的方式。消极的补偿不仅于己无益,而且有害他人和社会。目前出现的"富二代"现象与历史上出现的"八旗子弟"现象,都可以成为补偿不当特别是补偿过度的佐证。

4.认同

所谓认同,指个体把自己羡慕的他人的品质加于自身或假冒自己与他人的认识、品质等相同抑或以与所崇拜者为同类自居的应对挫折的心理防卫方式。也叫表同。

认同的表现形式有两种:一种是幻化,一种是迎合。

(1)幻化。个体在遭遇挫折后以幻想代替现实来满足心理需要的挫折防卫方式,即为幻化。具体而言,就是个体在现实中尝试成功的努力受阻后,就幻想自己是某一历史或现实的成功人物,通过模仿这一成功人物来满足心理需求的反应方式。如现在社会上流行的模仿秀,就是借模仿某一明星的某些特征,来满足自己虚荣心理的表现;还有一些人喜欢表白自己与某名人的特殊关系,如曾是同学、同事、同乡等,就是想凭借这层关系,将他人成功的光辉折射到自己身上。

(2)迎合。个体在思想和行为上奉迎长辈或有权有势者来满足自己的某种需要的心理反应方式,即为迎合。如言行上奉承、逢迎权威,顺从、认同权势等,就是借他人的权势来彰显自己的所谓成功的心理表现。

认同的作用有积极和消极之分。积极的认同，有利于个体优良品质的发展，如正确的荣辱观的建立，当认同的对象是英模人物时，个体会视自己与这些英模人物为一体，学习他们的言行，模仿他们的作为，从而激发向上的力量，走向成功；当认同的对象是个积极向上的团体时，个体会视自己为团体的一员，团体的荣辱成败与个体息息相关，团体的成功能增强个体的信心和自尊。这也是爱祖国、爱家乡、爱集体的心理基础。消极的认同，无助于个体优良品质的发展，如认同的对象如果是通过不择手段而获得成功的，个体则可能会极力模仿"拉大旗作虎皮"或假公济私等行为；如果认同的对象是个懒惰涣散的团体时，个体也会堕入幻想而脱离现实，渐渐销蚀积极进取的信心和意志，经不起实践的考验，进而陷入失望与失败的情绪之中，不能自拔。这也是社会公德心缺失的心理基础。

5. 压抑

所谓压抑，指个体对感情、力量等加以限制，使之不能充分流露和发挥的心理防卫方式。凡个体的意识不能接受的欲加以抑制的心理活动的出现，就是压抑产生的条件。其实，压抑是心理防卫机制中最简单最基本的方法。

压抑的表现形式分两种：一种是有意识压抑，一种是无意识压抑。前者是把个体认为不应该存在的欲望和行为抑制住，后者是个体将意识中某些于己不利的心理内容抑制在潜意识中。有意识压抑可以发挥心理调节的作用，使那些不正常的情绪受到抑制，如偶尔激怒是正常的，但经常激怒就是不利于心理健康的，甚至可能发展成为一种反社会情感，导致极为严重的后果。有意识压抑激怒情绪，就有可能恢复理智，减少冲动行为的发生，避免情绪失调。无意识压抑主要表现是遗忘，如过去的一些经历和体验，有时无法回忆，就是因为它埋藏在潜意识中，必须通过一定的因素诱导，才可能恢复。因此，能够将不利于自己的心理内容遗忘，从某种角度上讲是再好不过的事。

压抑的消极作用有时大于积极的作用。这是因为某些心理的需要得不到满足,心里产生一种束缚感,这种束缚感难以消除,就形成了一种压抑心理。如果陷入这种压抑状态中不能自拔,那是很危险的。福建南孚某小学门前 8 死 5 伤的恶性事件的发生,就是曾为外科医生的郑某情感压抑转而报复社会乱杀无辜所致。

6.否定

所谓否定,指个体用不承认事实已经发生的方式来减轻或逃避心理痛苦的心理防卫方式。这是一种简单而原始的方式,大多在个体无法独自面对挫折情境时被习惯性使用。

否定是为了对付来自外部的威胁,其作用与压抑(回避内部的危险)恰恰相反。如某人做了令其家庭成员蒙羞的事情,其家庭成员就以"当这个人不存在"来否定蒙羞的事实;某个孩子毁坏了家中物品,常把被毁坏的东西藏起来,"当这件事情没发生"。凡此种种,均是以一厢情愿的自欺形式来满足自己抗拒外来威胁的心理需求。在现实生活中,人们常运用这种心理防卫机制来处理问题,以缓解痛苦及压力。

需要指出的是,否定这一心理防卫方式不可长期使用,否则会影响个体真实地面对挫折情境,妨碍个体正确地面对现实,其危害性还是比较明显的。

7.幽默

所谓幽默,指个体用有趣或可笑而意味深长的言辞来应对挫折情境时的心理防卫方式。这是一种积极的方式,大多能够让处境困难或尴尬的个体摆脱窘境,甚至化险为夷。

幽默是一种有教养的表现,是一种有从容对付困境或间接表示出自己意图的水平和能力的体现。通常,成熟的人格是驾驭幽默法的前提,因为一个人具有成熟的人格,就懂得在适当的场合使用合适的幽默,以转变、摆脱窘境,度过难关。如周恩来、邓小平等人就是善用幽默处理国际交往难题的人,许多大学问家多是善用幽默处理家庭难题的人。

合理、巧妙地运用幽默心理防卫机制,是美德和教养的体现,是心理健康的标志。

四、如何战胜挫折

故事引路

巴雷尼因病成了残疾儿童,母亲的心就像刀绞一样,但她还是强忍住自己的悲痛,不让巴雷尼看出来。她想,孩子现在最需要的是鼓励和帮助,而不是妈妈的眼泪。她来到巴雷尼的病床前,拉着他的手说:"孩子,妈妈相信你是个有志气的人,希望你能用自己的双腿,在人生的道路上勇敢地走下去!好巴雷尼,你能够答应妈妈吗?"母亲的话,像铁锤一样撞击着巴雷尼的心扉,他"哇"地一声,扑到母亲怀里大哭起来。

从那以后,母亲只要一有空,就帮助巴雷尼练习走路,常常累得满头大汗。有一次她得了重感冒,发着高烧,巴雷尼以为母亲一定会休息。但她想,做母亲的不仅要言传,还要身教。于是她还是咬紧牙,下床按计划帮助巴雷尼练习走路。黄豆般的汗水从她脸上淌下来,她用干毛巾擦擦,硬是帮巴雷尼完成了当天的锻炼计划。

体育锻炼弥补了由于残疾给巴雷尼带来的不便。母亲的榜样作用,深深地教育了巴雷尼,他终于经受住了命运给他的严酷打击。他刻苦学习,学习成绩一直在班上名列前茅。最后,以优异的成绩考进了维也纳大学医学院。大学毕业后,巴雷尼以全部精力,致力于耳科神经学的研究,最终登上了诺贝尔生理学和医学奖的领奖台。

心理按摩

孩子因病而残疾,这对于一个母亲来说,就是遇到了人生中最大的挫折。有些母亲也曾努力过,但昂贵的代价和缥缈的希望,令她们畏惧了,最终失去了信心,没有坚持下来,虽然她们此后把自己的全部关爱都给了孩子,照顾得无微不至,但孩子从此也只能依赖母亲或在别人的"关爱"下生活。巴雷尼的母亲却不是这样,无论多么艰难,她都没被挫折吓倒,长期坚持锻炼计划,连一天都没有放弃过,终于使巴雷尼经受住了命运的严酷打击,取得了许多正常人都无法企及的辉煌成就。

我们都知道汉朝的司马迁遭受了莫大的屈辱,这对于常人来讲,那是天大的挫折,犹如迅猛的闪电洞穿了身体,简直无法承受,但司马迁却勇敢地面对了,不仅为后人留下了一部光耀历史的《史记》,更为后人树立了如何面对挫折的榜样。这样的例子举不胜举,张海迪、史铁生、霍金……无一不是我们学习的楷模。

健康护照

人生不可能一帆风顺,遭遇挫折是再正常不过的事,只是不同的个体所面对的挫折的打击程度不同而已。事实上,人与人之间的差别,不在于遭遇挫折的程度如何,而在于承受挫折的能力如何。一般在挫折面前,成年人比未成年人抵抗打击的能力强。因此,青少年更应该提高对挫折的适应能力。

那么青少年如何战胜挫折呢?

1.要磨炼坚强意志

战胜挫折依靠人的意志力,意志力是个体生存和发展必不可少的内在因素。意志力强的人,首先具有适应挫折的积极心态,有一定能够战胜挫折的牢固信念。所以在人生的拼搏中最终获得发展的多是那些具有顽强意志力的人。心理学一般把人们面对挫折时所做出的反应和采取的措施称为适应机制。适应机制分为两个方面:心理防卫机制和心理调节机制。心理防卫机制也称作心理防卫方式,在挫折适应上具有自欺欺人的消极色彩,不能直接排除挫折困扰,人们在使用它时大多是被动的;心理调节机制也称作心理调节方式,在挫折适应上具有积极意义,能够直接排除挫折困扰,是个体主动理性地战胜挫折的有效方法。通常,人们习惯于将两种方式结合使用,因为它们在挫折适应上发挥的作用不同。但具有较强意志力的人,采取主动适应方式的态度比较积极。因此,主动磨炼意志,是战胜挫折的基础。

按理说,没有人情愿遭遇挫折,因为挫折给人带来的痛苦有时实在难以承受。但从另一个意义上理解,挫折又能够磨炼人的意志,让人产生成就感,因为战胜挫折的过程增强了人的胆魄和适应环境的能力,还催发了人的奋进意识,甚至激发出了人的创造力。巴雷尼、霍金所遭受的挫折都是常人难以想象的,但他们却从挫折中"站立"起来,取得了世界级的成就;许多在安逸中生活的人,缺少挫折的磨砺,安于现状,不思进取,最终默默无闻。所以,敢于正视挫折,经得起挫折的磨砺,是培养坚强意志的前提。

2.要学会正确归因

有了坚强的意志,并不代表一定能够战胜挫折。为什么呢?摆脱困境,战胜挫折,还有一个无法回避的要素,即归因问题。我们常说失败是成功之母,可见,适当地变换思维的角度,换个方式重新评价或审视所遭遇的挫折,是很有必要的。

社会心理学的归因理论强调内归因和外归因,这与哲学强调的内因和外因有不同之处:哲学重在强调内因与外因的作用,而社会心理学重在强调归结原因的方法。如一个人本身的能力和技能以及自己的努力程度等内部因素是内因,运气、机会、人事关系等外部因素是外因,哲学强调哪个是决定因素,哪个是反作用因素,两者之间能否转化等;内归因和外归因则强调成功或失败的结果归结于内因还是外因。通常情况下,倾向于内归因的人,面对挫折容易造成自卑,但也可以正视自己的不足;而倾向于外归因的人,面对挫折会感到束手无策,但也可以寻求策略的调整。学会了正确归因,就能够客观真实地对造成挫折的原因进行分析,弄清原因是来自于外部的还是内部的,是单一发挥作用的还是共同发挥作用的,基于此才能采取有针对性的措施,以战胜挫折。正确的归因,是转变挫折情境的必要条件。例如,有的学生刻苦学习,成绩就是不理想,就应该理智分析是自己的学习方法不当、自主学习的能力不够、设定的学习目标过高等自身因素造成的,还是教师的教学方法不当、所处的学习环境不佳等客观因素造成的。只有归因正确,才能避免行动上的盲目,切实有效地选择改进方法,真正转变学习成绩不好的状况。

3. 要强化容忍能力

容忍力是指人适应挫折的能力,即个体遇到挫折时能够保持常态的能力。容忍力实际上就是忍耐力,反映了人对待挫折的态度。态度端正,挫折承受力也相应高;反之,挫折承受力也相应低。人的一生不知要遇到多少挫折,或轻微、短暂,容易克服;或严重、长期,难于克服。无论怎样的挫折,心胸开阔、性格乐观、充满自信的人,敢于挑战挫折,不会在挫折面前乱了阵脚,反倒会镇静自若,百战不殆,直至取得最后胜利;心胸偏狭、性格忧郁、缺乏自信的人,根本没有招架挫折的能力,不是一蹶不振,就是选择逃避。

容忍力是可以通过学习获得的。经受了挫折而善于积累经验的人,就能提高容忍力。如从小娇生惯养的青少年,很少遇到挫折,适应挫折的能力相对低,这并不可怕,只要遇到挫折不逃避,把这看成学习战胜挫折的机会,容忍力必然会提高。面对同一挫折,且在产生挫折的客观条件相同的情况下,容忍力不同的人,对挫折构成的压力和威胁的承受力也不同。例如,一个人认为这是严重挫折,无法承受;另一个人则认为这是能预见的挫折,没什么了不起。前者的容忍力相对较弱,而后者的容忍力相对较强。这种情况的出现,还与挫折经验有关。经历坎坷的人比一帆风顺的人,容忍挫折的能力要强。

所以强化挫折容忍力是十分必要的。

4.要构建社会支持结构

社会支持结构是指对个体提供帮助与支持的社会关系和社会组织。个体的挫折承受能力毕竟是有限的，否则就不会有精神崩溃的现象了。青少年大多处于生理和心理的发育和发展阶段，挫折承受力原本就不如成年人，如果独自面对自己的能力暂时无法战胜的挫折，有可能造成巨大的精神压力，甚至危害身心健康。因此为增强自身的挫折承受力，减轻或消除挫折对身心健康的伤害，积极地构建对自己有利的社会支持结构是十分必要的。可以说，挫折是一种主观的感受，借助于社会支持结构，就可以减轻或转变这种主观感受，避免对身心健康带来的伤害。因此社会支持力量的构建不是可有可无的，而是必需的。

人一生中有益于心理健康的社会支持结构主要是家庭、朋友、社会、事业和娱乐。心理学研究表明，社会支持最大的来源是家庭成员，其次是朋友（尤其是知心朋友）、工作单位和上级领导，最后是个人的兴趣爱好、精神生活。

处于学习阶段的青少年，获得社会支持的主要来源除父母等家庭成员外，还有在集体学习生活中形成的各种人际关系，如融洽的同学关系、温馨的师生关系和友谊深厚的朋友关系。和谐、团结、可靠的集体，也是青少年战胜挫折的强大精神支柱。

第十二讲　青少年如何释解性困惑

一、性的基本含义

故事引路

当瑶瑶知道自己是父母性交后的产物时，她完全不能接受。"太恶心啦！"她吃不下饭，睡不好觉，父母在自己心中建立的完美形象一下子破碎了，无法重拾。她不愿再理父母，仿佛他们是肮脏的源头。

从此，瑶瑶的内心深处有了一个解不开的疙瘩，见到男生也远远地躲开，特别是对那些与男生交往密切的女生，她更嗤之以鼻。

"为什么要有性？"瑶瑶实在无法排解这个问题的困扰，学习成绩一落千丈。

最终，瑶瑶在班主任老师的陪同下，走进了学校的心理咨询室。

心理按摩

性不是洪水猛兽，可一旦涉及性的问题，人们就难以启齿。

可以肯定地说，许多孩子在提及自己是从哪里来的问题时，他们的父母大多会说"是从河边捡来的""从医院抱来的""别人送来的"等等。在父母眼里,这是个敏感的问题。

其实,新的生命始于两性性交行为,这是无法否认的事实。基于这个事实,我们才知道了人类创造生命的奥秘。

性是与生俱来的,并将伴随人的一生,是人的生命与健康的重要组成部分。

健康护照

性科学是个庞大的知识体系,但性的基本含义可以从三个层面加以理解:

1. 生理层面

生理层面涉及生命的孕育、诞生、性别,性的健康与疾病等。

每个人都是性行为的产物。人的生命来源于性行为,这是毋庸置疑的。在正常情况下,每个人都有性成熟的过程,这也是可以自我感知的。正常的人都有性要求,这是人类的生理功能决定的。从生物进化的观点看,性既是生物繁衍的基础,又是生理快感的获得途径,所以性活动不仅是人类的基本活动,而且是与生活有密切关系的活动。

2. 心理层面

心理层面也称情感层面,涉及身为两性之一者(女性或男性)的感觉、思维、态度、情绪表现等。

性行为虽然是生理需要,但不是纯粹的生理需要,因而这种需要的满足不能随心所欲。人类的性行为具有排他性,是一对一的两性活动,性行为不能涉及第三者。这一直是从心理层面上引发性困扰的问题。除此之外,人类的性行为具有隐蔽性,不能在公开场合进行,不能让第三者看见。这一直是从心理层面上引发性神秘感的问题。

3.社会层面

这个层面也称文化层面,涉及性的观念,性别的社会化,两性的交往与关系,性别角色,两性的权利、义务与性别平等,性的道德界线与法律规范等。

人是社会的产物,性行为也不能游离于人的社会性而独立存在。性是人自然本能的体现,但也是人的社会性的体现。首先,性行为不是简单的个人行为。性行为不只是满足生殖的需要,更不只是满足身心愉悦的需要,还要对性行为的后果负责,体现对性行为的对象、新的生命和社会的发展等方面的权利与义务的责任。其次,性行为是受道德约束的。性行为有高尚与下流之分,有合法与罪恶之别,同一行为,体现了性质的尖锐对立。为此,人类的性行为,不是本能欲望的自然发泄与满足,而是经由人的意志力选择而表现出来的负责任的行动。

青少年要充分认清性的三个层面的含义,把握好性行为的社会性特征,防止对待性行为的肤浅认识。要清楚性是自然属性和社会属性相结合的产物,既要严肃对待它,又要排除对性的神秘感;既要看清它对人身心发展的重要性,又要抵御它对人欲念的诱惑;既要转变对性的愚昧观念,倡导文明科学的性行为,又要摒弃对性行为的庸俗化倾向。总之,在性问题上,要坚持慎重、大气、文明、健康的宗旨,杜绝愚昧、猥琐、荒谬、低俗的现象。

二、建立科学的性观念

故事引路

有一天,小钊突然发现自己的身体有了异样。

小钊是一个 14 岁的男孩,不知为什么,从那天开始,他总有些心神不宁。

只要在大街上看到貌美的女性,或在电视中看到男女拥抱接吻的镜头,小钊就会异常兴奋,血液往上涌,阴茎会悄然勃起,甚至在课堂上也禁不住胡思乱想,产生莫名的兴奋和冲动。小钊觉得自己变得很坏,想抑制不去看、不去想那些使他心神不宁的事情,但他做不到。

在父母和老师眼里,小钊一直是个品学兼优的孩子,"如果他们知道我头脑里有那么多肮脏的东西,会怎么看我?"

小钊陷入极度的困扰中……

心理按摩

应该说,随着青春期的来临,青少年开始关注性。少男少女随着身体的发育,慢慢意识到自己是"男人"还是"女人"。生物学研究证明,导致青春期的力量是人体内的一种激素,即荷尔蒙的作用。性激素决定着男孩和女孩的性成熟、生育能力的具备及身体外表特征的变化。

在性激素作用下,青少年向往或爱慕异性的心理是合情合理的。但青少年的性心理远远不如性生理成熟得快,所以极易产生迷茫。

健康护照

1. 性是一种天赋

人类的生理需求是生来就有的,性也毫无例外。

(1)性与生俱来。首先是为了繁衍后代,其次是为了表达爱情和享受快乐。人类的性心理归属于性科学的研究范畴。在中国,目前人口再生产的需求下降,性的繁衍功能在不断减弱,而表达爱情和享受快乐的功能在明显增加。基于此,青少年的性心理可能会受到这一变化的影响,不可任意夸大性的自然本能的作用。

(2)性无法回避。性既然是与生俱来的,任何人都无法回避。回避性如同回避吃饭一样,等于回避了人的自然本能。但人类的性与其他动物的性又有所不同,人类的性行为具有隐蔽性特点,既是不公开的,又是排他的。由此,在青少年看来,性不能回避,又不能公开,就蒙上了一层神秘的色彩。青少年要理智地对待性问题,把性看成是身心发育的必然结果,不可陷入性的神秘泥潭,而贻害身心健康。

2.性是一种文化

(1)性观念支配性行为。就生殖行为而言,人类与其他动物有本质的区别。动物是纯粹的本能行为,人类则是一种有意识、有目的、有条件、有选择的行为。就这一点来讲,人类的性行为已经成了一种文化现象,虽然仍以自然生理为基础,但多受一定的社会环境的影响和制约。也就是说,人的性观念与道德捆绑在一起,形成了人固化的性心理系统,并支配人们的性行为。因此,21世纪的青少年,树立正确的性观念,不能偏离文明社会的规范轨道。

(2)性心理制约性生理。从我国青少年的现状来看,从正规渠道获得科学的性知识,已经是一件很正常的事情。但再正常,正规渠道也是偏重于生理卫生知识的传播,而忽略了性心理知识的教育。今天的青少年,与性有关的困惑,多数不是因为缺乏正确的性生理知识,而是缺乏正确的性心理知识、科学的性观念。正确的性观念得不到确立,就无法坦然地面对性问题。

(3)性文化影响性心理。我们说性是一种文化,还体现在性与国情的关系上。看待性的问题,不能与国情相割裂。中国是一个有传统约束力的国家,而这个传统约束力又以道德为核心,一切性行为与其他的行为一样,都无法脱离道德的规范而独立存在。所以,青少年的性困惑,并非体现在躯体的痛苦上,而是体现在心理的痛苦上。因此,正确认识人类的性行为,建立符合中国国情的科学的性观念,才是解除青少年性心理负担的前提。

三、青少年期性心理

故事引路

一天，小刚的爸爸内急，走到卫生间门口碰上了自己的宝贝儿子。小刚的手里拿着一把塑料尺，慌慌张张地冲出卫生间，连招呼都没打就红着脸跑回了书房。小刚的爸爸诧异地望着跑进书房的儿子，半天没缓过神，差点连自己的内急都忘了。

解决了内急，小刚的爸爸会意地笑了，他猜到了儿子的秘密，小的时候自己也做过同样的傻事：在学校上厕所时偷看别的男孩的"小弟弟"的大小，回到家里拿尺子偷偷测量自己的"小弟弟"。

男孩通常喜欢和同伴比较"小弟弟"的大小，小刚爸爸上高中时，同班一个男生就因为"小弟弟"短小，受到了大家的嘲笑，还被起了个外号。不过，这件事引起了那男生家长的注意，及时带那个孩子到大医院做了手术。

心理按摩

男性的阴茎存在大小差别原本是一件很自然的事，青春期的孩子关心自己的生殖器也是很自然的事。事实上，除了极个别阴茎短小属于病态现象需要相关的诊治外，绝大多数人的阴茎大小并不存在问题，因此没有必要大惊小怪。

其实，多数男孩关注自己阴茎是否"够大"的现象，是原始的"男性生殖器崇拜"的心理再现。阴茎本是雄性的特征，而雄性的竞争性又驱动了性心理的发展。

健康护照

通俗一点说,性心理指与性有关的心理活动。具体一点说,性心理是在性生理的基础上,与性有关的心理状态和心理过程。

从生物学的角度看,性心理以性生理为基础,如果与性相关的生理发育出现障碍或缺陷,性心理的发展就有可能出现偏差。如女性乳房过小或男性生殖器过小,可能出现心理焦虑、不适、自卑等心理反应;女性性成熟过早容易产生羞涩心理,男性性成熟过早容易产生胆大心态。

人的性心理不仅受性生理发育情况的影响,还在很大程度上受社会环境因素的影响。这主要体现在两个方面,即同一个体在不同年龄段因时代和文化背景的不同所表现出的差异,不同个体在同一年龄段因时代和文化背景的不同所表现出的差异。但从这个角度分析,性已经超出了生理范畴,具有了社会性,因此性心理健康状况必须包括生理和社会文化两大因素,且是两者的统一。

1. 青少年性心理发展"四部曲"

世界卫生组织把 10 岁～19 岁这段时期称为青春期。青春期不仅是人的性成熟期和生育能力的起始期,而且是性心理的发展与成熟的特殊阶段。

(1)异性疏远期。青春期初期,随着第二性征的出现,青少年内心深处会产生两性差别的朦胧意识,在与异性的接触中会产生羞涩感,特别害怕与异性的接触会引起耻笑或非议,因而进入男女彼此疏远状态。如课外活动保持界限,即使是儿童时期的要好的异性朋友,也会有意回避。

(2)异性吸引期。青春期相对成熟期,随着生理机能的发展和生活阅历的增加,青少年对异性的认识开始发生新的变化。由单纯的排斥向相互吸引转化,异性之间的好感不断剧增,羞涩心理明显减少,开始通过表现自己以吸引异性,并乐于参加与异性在一起的集体活动。异性间的关系开始摆脱狭隘的桎梏,性意识对情感体验起了关键作用,对异性的好感和爱慕大多通过对异性关心、体贴、帮助等方式表示,而缺少专一性和持久性。一般我们把这一时期称作对群体异性的好感期。

(3)异性爱恋期。青春旺盛期,随着生理机能、个性品质和知识结构的不断完善,青少年对两性问题的思考不断深入,性爱意识不断增强,与异性交往的技巧越来越娴熟,有了扮演与自身性别相匹配的特定角色的强烈愿望。这个时期逐渐由对群体异性的好感转向对个别异性的依恋。性别上的差异性开始有了明显的界限,一般男性以展露才华来博得异性的欢心,女性以注重打扮来吸引异性注意。此时的青少年倾向于公开表露蕴藏在内心的强烈眷恋之情,但多数并不直接以肉体接触来表达恋情,而是以精神交往的方式来显示自己情感的纯洁性。

(4)爱情尝试期。青春期后期,即高中生进入大学阶段,生理和心理的发展均更为成熟,青少年对异性的爱慕和追求更趋专一,自然地进入恋爱择偶阶段。此时,追求异性的心理丝毫不加掩饰,并明显具有选择性、专一性和排他性特征。但现实生活中,大学生恋爱最终结合(进入婚姻状态)的并不多,这与恋爱的理想化与幼稚性不无关系。

2.青少年性心理表现

青少年的性心理活动内容,是随着青春期性生理的逐渐成熟而发生变化的。在由懵懂向自觉的变化过程中,青少年的性心理活动内容也由单纯逐渐向丰富转变。一个人在进入青春期后,就会产生与性相关的心理活动,并在行为上有所表现。如果没有这些活动或表现,反倒是一种不正常现象。正常与不正常的界限,一般没有明确的界定,因为个体的差异的存在是不由人的意志为转移的。但是当这些性心理活动过于频繁,可能对个体的心理构成压力时,或个体无法摆脱已经构成的心理困扰时,我们一般就会视其为异常现象。每个青少年都会经历性生理和性心理的成熟过程,只要时刻提醒自己,通过正常渠道建立科学的认知体系,对这一问题有正确的认识,就会减少性心理活动频繁的现象。

应该说,性心理健康与性生理健康同等重要,二者都是构成心理健康的重要因素。特别是青春期性生理的成熟催化了青春期性心理的发展,而性心理的发展必然会有行为表现:

(1)渴望了解涉性知识。由于性成熟的不可逆性,青少年对与性有关的知识产生了浓厚的兴趣,渴望了解自己的某些生理要求产生的原因以及满足的方式,了解异性的生理现象并探求与异性发展关系的奥秘,全面探索性知识的欲望十分强烈,这是性心理发展的正常表现。因此,要建立科学的性观念,杜绝从非正常渠道获取性知识,以破除性神秘感。任何人都需要掌握科学的性知识,培养健康的性心理,建立健康的性道德,防止性无知和性愚昧现象,为促进人格的健康发展打好基础,为一生的幸福提供保障。

(2)外露爱慕异性心理。异性相吸,这是两性之间无法抗拒的自然规律。一个悦纳自己性别的人,必有爱慕异性之心。爱慕异性是一个人性生理和性心理都健康的表现,是一个人走向恋爱与婚姻的性心理基础。因此,青少年对异性产生情感上的爱慕,这是再正常不过的现象,只是男女表现有所差异而已。通常,男性表现得外露、热烈、粗犷、主动,而女性则含蓄、深沉、羞涩、被动。无论男女表现上有多大区别,性别上的吸引才是根本,否则容易出现性取向上的偏差。

(3)出现性欲望与冲动。性欲望是一种渴望获得性满足的心理体验,性冲动是性兴奋不断积累而准备行动的一种心理状态,两者都是生理因素和心理因素综合作用的正常结果。就不同的个体而言,存在着性欲望和性冲动程度上的差异,这与不同的个体在性生理和性心理的发育和发展上的差异有关,道理显而易见;就个体的性别而言,男性与女性在性欲望和性冲动方面也有差异,通常男性易被视觉刺激引起性欲望且产生得较快,女性易被触觉刺激引起性冲动且产生得较慢。青春期出现性欲望和性冲动是生理和心理发展和完善的自然趋势,不需要大惊小怪。

(4)存在普遍自慰行为。正常的性行为是由两性共同参与的活动,而缺少异性参与的性满足活动就是自慰行为。在道德和法律约束下,自慰行为是未婚人群释解性欲的常见方式。青少年随着生理的成熟而出现性兴奋,而自慰则是消解这种性兴奋的主要形式。因为自慰具有隐秘性,宜于保护隐私,所以自慰行为在青少年中具有普遍性。青少年中常见的自慰行为有手淫、性梦、性幻想等形式。一般来说,男性的自慰行为多于女性。

需要指出的是,自慰行为属于性成熟的正常现象,虽不是完美的性满足方式,却是暂时满足自我心理需求和生理需求的权宜方式,且无害于他人,又可以避免性犯罪。但是,自慰行为必须要有节制,不可沉溺其中,以防止过度或频繁导致的身心伤害。

四、如何避免性无知

故事引路

上高中后的第一个学期,圆子就爱上了班里的一个男生。那是圆子的初恋,不懂怎样面对火山一样突然爆发的感情,她也不想表现得那样狂热,可她控制不住自己。结果全校师生都知道了……外界的压力反而使两人走得更近了。

一个风雨之夜,冷得发抖的圆子被男生紧紧抱住,顿时一股暖流涌遍全身。那一夜,圆子把自己交给了那个男生。那时,圆子以为自己永远都不会后悔,以为自己长大了,知道自己在做什么。

一天晚上,圆子回家看到父母正在一张张数着他们一生劳动积攒下来的钱。父母说要积蓄两万元作为圆子上大学的学费。看着父母满脸的憔悴,圆子心里有说不出的惭愧。父母这样对待女儿,并不知道圆子私下都干了些什么,圆子感到对不起他们。整个暑假,圆子都在自责中度过。她觉得自己不是个好女儿,很肮脏,于是她鄙夷自己，唾弃自己，糟蹋自己，拿自己的洗脸毛巾去擦浴室地板。

圆子想重新做人，可觉得自己失去了自尊，一点信心都没有。"一张白纸写脏了可以扔掉，换一张新的；可我的生活只有一次，不能把它扔掉啊！"

开学以后，那个男生以影响前途为由提出分手，圆子才知道他根本就是一个没有责任感的人。"我觉得自己好可怜、好渺小，真不值得。"悲愤、自责、后悔占据了圆子的头脑，所有的痛苦只能埋在心里。"我终于领悟到，青春的密码是不容随意去破解的，尤其是我们还不具备起码常识的时候。如果我耐得住寂寞，把它珍藏心中，到我具备了揭开它谜底的那一天，再来破解它该多好啊！"

很长一段时间，圆子都陷入沮丧，深深地自责。这种心情，终于导致了高考落榜。父母那两万块钱只好作了复读费，然而不幸的是，未等到再考，父亲就撒手人寰，圆子不忍母亲独自为自己上大学操劳，只好放弃高考，在县里找到一份工作，开始自食其力了。

"至今，我都在为自己错开了青春的密码箱而支付着沉重的代价，我不知道未来的生活还会给我怎样的责罚。"

心理按摩

青春期是学习的黄金阶段，而圆子却错开了青春的密码箱，并为此付出了沉重的代价，这不能不让人感到惋惜。圆子的遭遇告诉我们，过早的性行为妨害身心健康，且对青少年的人格发展不利。一般说来，青春期的少男少女发生性关系，既非爱情使然，又与婚姻无干，而是在迷茫无知中听任性欲本能驱使的一种盲目行为。这种"偷尝禁果"的行为本身就折射出其心理和人格上的不成熟，缺乏责任意识和自制能力，其危害性也是显见的。

一个叫娟子的女孩，"偷尝禁果"的后果更为严重，她怀孕后偷偷去堕胎，结果大出血，性命虽然保住了，却导致了终身不能生育，被迫中止了学业。作为一名女孩子，娟子既要承受身体上的创伤，又要承受名誉上的损失，给自己的人生留下了不可磨灭的阴影。

健康护照

健康的性行为是建立在科学意义上的性行为，不是性冲动所驱使的纯粹的肉体关系。符合科学标准是前提，符合文明社会道德评价标准是基础。比如，性行为的直接后果是孕育生命，但并非任何男女在任何情况下都应该或被允许孕育生命。孕育生命不仅是法律赋予人的权利和义务，更是道德赋予人的权利和义务。

道德的形成和发展是有历史和社会原因的。道德的标准也因为历史时期、社会和民族的不同而有所不同。性行为在进入道德的层面之后，必然也会随着不同历史时期、不同社会和不同民族的道德标准的变化而产生不同的评价。例如，一夫多妻，在我国封建社会里是合乎道德的，在今天的某些国度里也是合乎道德和法律的，可是在我国当前的社会中，这既不道德又违法。

对于青少年而言，获知科学的性知识，以便其今后在法律和道德允许的范围内行使性权力时可以"知情选择"，以保障其性行为的健康，这是青少年应享有的性保健服务。

原则上，处于青春期的青少年，应该主动接受性健康教育，从而科学全面地认识性的生理、心理和社会成熟过程，认识友谊、爱情和婚姻关系的健康发展条件，树立性别平等、相互尊重和责任意识，以避免因性的无知而导致的后果（任何性行为都是有后果的，其中不受法律和道德约束的性行为后果是消极的）。

我们提倡负责任的性抉择。这对处于青春期的青少年意义重大。关于这一点，青春期健康教育理论中有一个"三道防火墙"概念。第一道"防火墙"用以防止未成年人的性关系，即"什么年龄的人就做什么年龄的事"，有性欲望和性冲动是正常的，也并非只有性器官的接触一种排解方式，如注意力转移等；第二道"防火墙"用以避孕和紧急避孕，是针对不能安全地待在第一道防火墙之内的青少年而言的，这不是对"越墙"行为的赞许,而是对"越墙"之后果(如意外孕育生命)的防范;第三道"防火墙"是指终止妊娠,即在第二道防火墙失效的情况下,出于对怀孕女性身体健康或生命安全的考虑,使其知道在什么时间(如 3 个月)内进行人工流产,对身体健康的损害最小。总之,这三道防火墙是在帮助青少年建立道德屏障的同时,又建立起安全保护屏障。

后　记

早就想写一本有关青少年心理健康问题的校园读物。

心理健康问题足以反映一代人的整体素质。一代人的整体素质关乎一个民族、一个国家，甚至整个世界的未来，其影响之广大，容不得我们有一丝一毫的疏忽。

心理健康问题足以反映一个人的生命状态。一个人的心理健康方面出了问题，人的生命质量就打了折扣。和谐的社会需要幸福的人生来支撑，而幸福的人生一个重要方面就是靠心理健康来保障的。

目睹了"80后"和"90后"的诸多心理问题，更坚定了我们写这本书的信念。由于我们的水平有限，编写中参考了大量的心理健康方面的优秀成果，未及一一注明，敬请谅解。

冯世杰　张新晖

2010 年 12 月 30 日于杭州